JN326917

シリーズ
知の図書館
6

図説 世界を変えた50の経済

Fast Track
Economics

◆著者略歴
マシュー・フォーステイター（Mathew Forstater）
ミズーリ大学カンザスシティ校経済学部、経済学および黒人研究准教授、同校完全雇用・価格安定センター長。多くの学術誌に政治経済や経済思想史にかんする論文を発表している。
アンナ・パルマー（Anna Palmer）
ウェストイングランド大学、経済学およびビジネス学准講師。レスター大学PhD取得。地域経済開発はじめ、時事問題にかんする記事を大衆紙に寄稿している。
ジェームズ・ロロ（James Rollo）＊序文
サセックス大学経済学教授。イギリス外務省のチーフエコノミックアドバイザーをへて、現在は、世界銀行、欧州委員会、国連貿易開発会議（UNCTAD）などの顧問をつとめている。

◆訳者略歴
内田智穂子（うちだ・ちほこ）
1964年、東京都生まれ。学習院女子短期大学英語専攻卒。翻訳家。訳書に、ニック・ベギーチ『電子洗脳——あなたの脳も攻撃されている』（成甲書房）がある。

Illustrations by: Eva Tatcheva

Copyright © Elwin Street Limited 2013
Conceived and produced by Elwin Street Limited, 3 Percy Street, London W1T 1DE
www.elwinstreet.com
This Japanese edition published by arrangement
with Elwin Street Limited, London, through Tuttle-Mori Agency, Inc., Tokyo

シリーズ知《ち》の図書館《としょかん》6
図説《ずせつ》世界《せかい》を変《か》えた50の経済《けいざい》

●

*2014*年 *10*月 *20*日　第 *1* 刷

著者………マシュー・フォーステイター
アンナ・パルマー
訳者………内田智穂子《うちだちほこ》
装幀………川島進（スタジオ・ギブ）
本文組版………株式会社ディグ
発行者………成瀬雅人

発行所………株式会社原書房
〒160-0022　東京都新宿区新宿1-25-13
電話・代表 03（3354）0685
http://www.harashobo.co.jp
振替・00150-6-151594
ISBN978-4-562-04998-1
©Harashobo 2014, Printed in China

シリーズ
知の図書館
6

図説 世界を変えた50の経済

Fast Track Economics

マシュー・フォーステイター／アンナ・パルマー
Mathew Forstater *Anna Palmer*
内田智穂子 訳
Chihoko Uchida

目次

序文

経済学は現代社会を支配している。インフレの調整から、グローバル化の理解、貧困と幸福の尺度にいたるまで、討論や政策立案の中心にはつねに経済学と経済学者が存在する。この優位性は、経済学者が2007年の世界金融危機を予測できなかったにもかかわらず、いまも続いている。世界金融危機は、アメリカ、イギリス、ユーロ圏のみならず、こうした衝撃の影響を受けないと考えられていた中国などの新生経済大国をもまきこんだ。では、なぜ、これほど大規模な危機の予兆にだれも気づかなかったのか？　そのうえ、なぜ、崩壊するとは思ってもいなかった経済システムの修復にここまで手こずっているのか？　おそらく、それは経済というものが複雑で、本質的に理解しづらいからだろう。経済学者は素人より経済に明るい。しかし、それでも完璧には理解できないのである。

経済学者が打ち出す見解は絶大な影響力をもち、職業を超えて討論される。これも当然といえよう。経済とは、人間が生産、分配、消費、財やサービスの交換を系統立て、消費、投資額、雇用、財政支出のバランスを管理するシステムであり、じつに入り組んでいる。一見シンプルな経済でも理解することはむずかしい。なぜなら、基本変数、つまり人間の行動が変化するからである。

経済学者の見解は、ときに常識を混乱させる。アダム・スミス以降、ほとんどの経済学者が、国家経済を外国貿易や投資に開放するのは良策だと信じてきた。物価が下がるからだ。ところが、そうなると国内企業の倒産や失業をまねきかねない。

これまで、優秀な学者たちが経済を理解しようという難題に挑み、理論体系を構築してきた。不完全ながら、この理論体系が現代社会の骨組みを築いている。本書はコンパクトにまとめられているが、紹介されている思想は偉大であり、その影響力ははかりしれない。

サセックス大学経済学教授　ジェームズ・ロロ

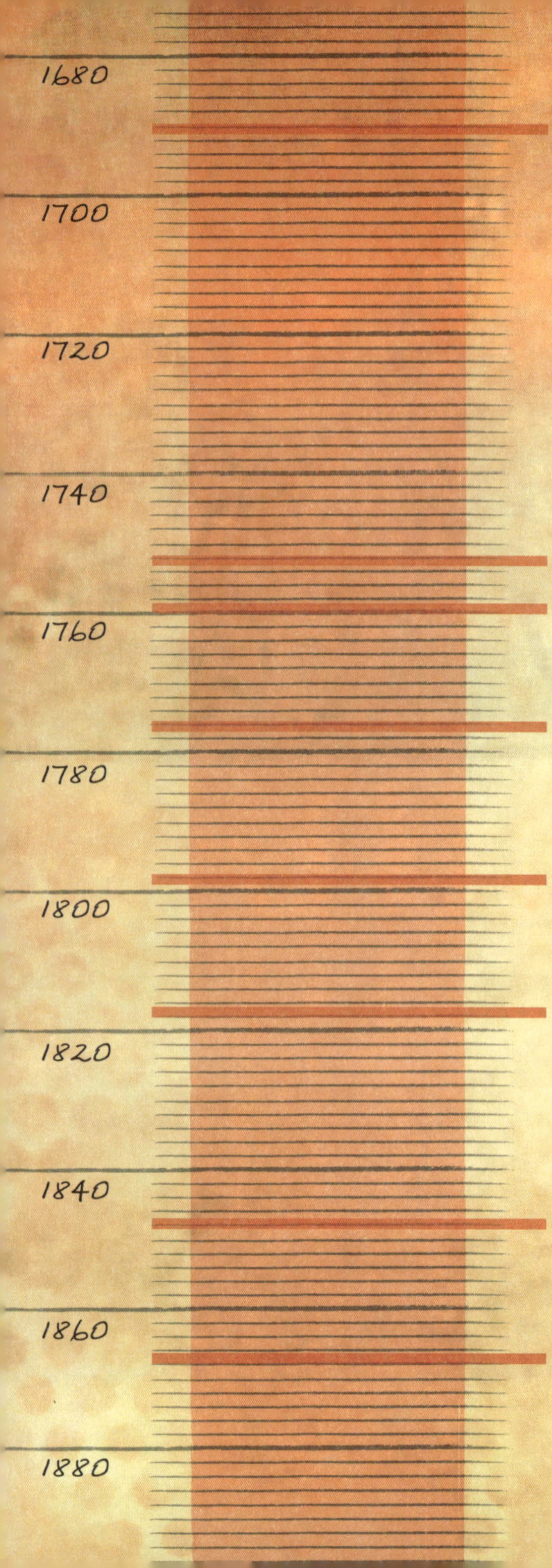

ウィリアム・ペティ『政治算術』（1690年）

デイヴィッド・ヒューム『政治論集』（1752年）

フランソワ・ケネー『経済表』（1759年）

アダム・スミス『国富論――国の豊かさの本質と原因についての研究』（1776年）

トマス・ロバート・マルサス『人口論』（1798年）

デイヴィッド・リカード『経済学および課税の原理』（1817年）

ジョン・スチュアート・ミル『経済学原理』（1848年）

カール・マルクス『資本論』（1867年）

第1章
古典派経済学

近代経済学初の流派として広く知られる古典派経済学は、財やサービスの生産と分配を管理する国家の自然律を研究する学問である。カール・マルクスが名づけたこの古典派経済学は、一般に、当時誕生した資本主義と産業革命を考察した、18世紀後半から19世紀後半にかけての思想をさす。

経済学と経済

経済学とはなにか？　経済学とは経済を追究する学問である。

となると次の質問が浮かぶが、そう簡単には答えられない——では、経済とはなにか？　わかりやすく説明するとしたら、経済とは社会が物質的な豊かさを供給するための組織構造だ。つまり、生産と分配にかんして決定をくだすシステムである。

どんな社会にも経済は存在するが、通常、経済学といえば計画経済ではなく資本主義や市場志向型経済を扱う学問を意味する。かつての独裁社会に市場は存在しなかった。存在したとしても、生産と分配をつかさどる組織の副次的な制度にすぎなかった。伝統的な経済は、現在でいう文化、ともすれば儀式や宗教に属していた。独裁社会においては、ヨーロッパの封建制や奴隷制生産システムといった政治制度に組みこまれていた。経済は資本主義が発展してはじめて独立したのである。

市場志向型経済の台頭と同時に、生産と分配を決定する独自の経済制度が導入された。資本主義が誕生すると、市場システムの運営やシステムを規制する力について数々の疑問がわき出てきた。市場は完璧なシステムではない。好景気、大暴落、景気後退、不況、インフレ、デフレ、失業、金融危機に直面する。しかし、どれも偶然のなりゆきではないのだ。資本主義の問題点を力説したマルクスやケインズら経済学者も、市場はいくつかの基本的傾向（法則）によって自己規制を行なっていると考えた。これら基本的傾向にかんしては諸説あり、重商主義、古典派、新古典派（限界効用学派）、マルクス主義、ケインズ派、制度学派やこれらの分派がそれぞれの見解を示している。だが、すべてに共通しているのは、市場にはその動きを見通すことができるいくつかの規則性と行動様式が存在するという点だ。

「労働こそが当初の代価、本来の通貨であり、当初はすべてのものが労働によって支払われていた。世界のすべての富はもともと、金や銀ではなく、労働によって獲得されている」

[『国富論――国の豊かさの本質と原因についての研究』(山岡洋一訳、日本経済新聞出版社)]

アダム・スミス

哲学者であり偉大な古典派経済学者でもあったアダム・スミスは、著書『天文学史(History of Astronomy)』のなかで次のように述べている。人間は予期せぬ事態やなじみのない出来事に不安をいだき、慣れ親しんだ環境から安心感を得る。ゆえに、あらゆる状況に筋道を立てるため、世の中を分類し、区分けしようとする。スミスいわく、これこそ哲学の目的であり、理論化の目的だ。要するに、混沌のなかに秩序を見出すのである。資本主義経済社会において、この作業が必要不可欠かつ困難なのは、調査対象が不安定で流動的だからだ。つまり、ある時期の経済活動を統制しているルールはいつしか通用しなくなり、別の秩序がとって代わる。したがって、どんな経済理論も時の流れのなかで考慮しなければならない。

さらに、資本主義論理の解釈はすべて、社会政策、ひいては国民の実生活に影響をおよぼす。イギリスの経済学者G・L・S・シャックルが指摘したとおり、「自然科学においては事実にもとづいて思考が築かれるが、経済学においては思考にもとづいて事実が築かれる」。われわれが実社会で目にしている経済活動をどう解釈するか、また、実際にどう見ているかは、事実、他人の見解や文言に左右されている。それも、実感しているよりはるかに大きな影響を受けているのだ。

ウィリアム・ペティ
古典派経済学の誕生

William Petty

生年
1623年、ロムジー、ハンプシャー、イギリス

没年
1687年、ロンドン、イギリス

ウィリアム・ペティが余剰という概念をとりいれたことにより古典派経済学が誕生し、1870年代まで経済学の分野で権勢をふるった。ペティは、トマス・ホッブズ、ルネ・デカルトら科学者や哲学者が集《つど》うグループ「見えざる大学」の一員だった。

古典派に続いて新古典派や限界効用学派の経済学が誕生しても、従来の研究法はほぼそのまま引き継がれた。この研究法は古典派経済学の要となる多くの概念とともにウィリアム・ペティが生み出したものだ。ペティは経済学にはじめて経験的かつ統計的なアプローチをとりいれた功績でたたえられているが、従事したのは帰納法にとどまらなかった。ペティの経験的研究は、初期の理論的構想、とくに『租税貢納論』に表れている。ペティは経済活動に規則性あるいは存続性をもたらす法則を明らかにしようとした。数、量、尺度で示される表面の裏に隠れた経済的要因を探ったのである。

資本主義が発展し、重商主義の概念が薄れてくると、経済理論の焦点は交換から生産へと移っていった。国家の富として認められるのは、貴金属ではなく自然と労働になった。ここで鍵となるのが経済的余剰という概念だ。つまり、労働者の生活に必要な食料や財をふくめ、生産についやした投入を産出が上まわる状態である。外国貿易は農業や工業の発展を促進する場合にかぎり重視されたが、富や価値の源泉にはならなかった。こうした見解はすべてペティの代表作『政治算術』（1690年）に記されている。

ペティは財の「自然価格」と「市場価格」を区別した。生産にかかった社会的に必要な労働時間によって決定する価格を自然価格とし、これとは別に、気象条件の変化など一時的な影響を考慮して決定する価格を市場価格とした。生産にあてた労働時間によって穀物の自然価格を決めた場合、地代は余剰となり、不払労働に相当する。重要なのは、のちの古典派経済学者同様、ペティが賃金を社会的にも歴史的にも確固たる生計費だと見なしたことである。

ペティは余剰こそ経済繁栄の要だと考えた。ペティにとって生産とは、余剰を生み出す過程であり、社会が必要とする以上の産出を生み、投入を再構築するものだった。

フランソワ・ケネー
重農主義体系

François Quesnay

経済システムは人体の循環系にそっくりだ。さまざまな部門を行き交う財や貨幣は、人間の静脈と動脈を流れる血液に似ている。この見方は形を変えながらいく度となく経済学史に登場し、ウィリアム・ペティも指摘していたが、もとはといえば、史上初の経済学派、フランソワ・ケネーら重農主義者の見解である。

重農主義者は経済を活動のタイプによって3階級に区分した。農業、商工業、土地所有である。この3階級は多様な社会階級とは異なり、連結し、依存しあって経済的ニーズを満たしていた。重農主義者にとって最初の課題は、経済システムの実現性や再現性に必要な条件を見出すことだった——経済社会を維持していくためにはどんな条件を整えなければならないのか？　そして次の課題は、国家の富、つまり総生産高を増加させる要素を探すことだった。

ケネーの『経済表』（1759年）は産業連関モデルの原型だ。「経済表」の有名なジグザグ線は、ケネーが唯一の生産階級だと認めた農民と、非生産階級だと見なした商工業者のあいだを行き交う資金循環を、年間総額から順に表わしている。中央に位置する地主は農民から地代をとり、それを製品の購入についやして、農民と労働者の支出を先導する。重農主義者いわく、商工業は投入と産出が同額であるため、結果的に純生産物を生み出さない。農業のみが生産階級であり、投入をはるかに超えた産出を得ることができる（つまり、農業は余剰生産階級である）。

重農主義者の政策提言は農業推進を基盤とし、農業の現代化を進め、生産、販売、所得の増加を目的とした。農業の余剰増加は経済全体にフィードバック効果をもたらす。アダム・スミスはこの理論を発展させ、商工業も余剰生産階級になりうるうえ、資本主義経済を推進するエンジンの役割を果たすと考えた。

生年
1694年、メレ、フランス

没年
1774年、ヴェルサイユ、フランス

ケネーら重農主義者は、国家の富は金《きん》の蓄積ではなく生産で決まると考え、生産性は製品ではなく農業からのみ生まれると主張した。

デイヴィッド・ヒューム

物価・正貨流出入機構

David Hume

生年
1711年、エディンバラ（スコットランド）、イギリス

没年
1776年、エディンバラ、イギリス

経済史初期に活躍した多くの経済学者同様、デイヴィッド・ヒュームの見解も経済学だけでなく哲学や政治理論の分野に登場する。ヒュームは、「国家に富を築く鍵は正貨（金や銀）の蓄積である」と説く重商主義を批判し、国家の富を労働の蓄積と財やサービスの量によって評価した。

著書『政治論集』（1752年）でヒュームは、外国貿易はすべての関係諸国に相互利益をもたらすと述べ、また、本来、経済には国際均衡に向けたメカニズムがそなわっていると説いた。つまり、貿易とは両者に有利な状況であって、重商主義者が論じているような勝つか負けるかの勝負ではない。ヒュームは「物価・正貨流出入機構」によって、貿易黒字を利益と見なす重商主義の誤謬を論証した。

「物価・正貨流出入機構」の鍵は、貨幣流通量と物価水準を関連づける古典派の貨幣数量説を理解することだ。つまり、物価は貨幣供給量の増加に比例して上昇するため、貿易国間の貿易条件を左右する。ところが、重商主義者はこの可能性を考慮しなかった。重商主義者によれば、貨幣は貿易の量にのみ影響をあたえる。しかし、ヒュームにとって貨幣は貿易の車輪をよりなめらかに動かす潤滑油だった。

たとえば、A国とB国の２国間で貿易を行なっているとしよう。A国が貿易赤字を出すと、貨幣はB国に流出する。B国はA国の貿易赤字と同額の貿易黒字が出るため、A国から貨幣が流入し、物価が上がる。逆に、A国は貨幣流出により物価が下がる。相対価格が変化し、２国間の貿易条件がB国にとって不利になる。なぜなら、B国の財は、赤字を抱えたA国の財より高価になるからだ。結果、貨幣はB国からA国に流れる。このプロセスが両国の輸出額と輸入額が均等になるまで続き、貿易のバランスがとれるのである。

ヒュームは古典派の貨幣数量説に固執するいっぽうで、不完全雇用経済下においては貨幣供給の増加が生産を刺激する可能性を認めた。こうした点から、ヒュームの重商主義的な、さらには「ケインズ主義」的な側面が読みとれる。

ヒュームは「物価・正貨流出入機構」によって、貿易の本来のバランスは自然に確立されるものであり、好都合なバランスをめざすことは逆効果であると論証した。

アダム・スミス 経済学の父

Adam Smith

生年
1723年、カーコーディ、ファイフ（スコットランド）、イギリス

没年
1790年、エディンバラ（スコットランド）、イギリス

18世紀の著名な経済学者であり倫理学者でもあるスコットランド人アダム・スミスは、商業と金融経済が普及し、科学とイギリス啓蒙哲学が発展した第１次産業革命のさなかに生まれ、活躍した。産業革命による進化にともない、人々は人間性、自由、自己決定の力を信じ、人類の未来を楽観するようになった。

スミスは世の動向を日々観察し、代表作『国富論——国の豊かさの本質と原因についての研究』（1776年）に書き記した。このなかに、有名な「有用性と価値にかんするダイヤモンドと水のパラドックス」がある。

> 「水ほど役立つものはないが、水と交換して得られるものはほとんどない。これに対してダイヤモンドは、ほとんど何の役にも立たないが、それと交換してきわめて大量のものを得られることが多い」［『国富論——国の豊かさの本質と原因についての研究』（山岡洋一訳、日本経済新聞出版社）］

本書は絶賛され、西洋文明をテーマとする傑作の仲間入りを果たした。スミスの思想は後世にも影響をあたえつづけており、いまもよく「経済学の父」としてたたえられている。スミスは、市場は「見えざる手」によって自然秩序が形成されると考え、競争市場経済への恣意的な政府介入に反対した。拘束されない市場活動を推奨する『国富論』は、自由市場システムを追究する際の規範となった。

従来の重商主義者とは異なり、スミスは国家の富を金や銀ではなく国家の労働力と生産高で評価した。富を生む強力な促進剤となるのは労働の分業と専門化である。スミスは国内および国家間の分業がもたらす利点を訴え、自由な国際貿易を推奨した。

それでも、ほかの古典派経済学者同様、スミスも資本主義が定常もしくは後退状態に向かう可能性を見越していた。スミスによれば、市場社会の経済成長を阻害する要因は、市場の飽和、人口増加、天然資源の減少、賃金や利益率の低下などであった。

スミスいわく、ひとりひとりが私利を求めればこの上なく豊かな社会が築ける。私利の追求は経済の原動力になるのだ。

トマス・マルサス
人口増加と総需要

Thomas Malthus

生年
1766年、サリー、イギリス

没年
1843年、ハートフォード、イギリス

トマス・マルサスは人口増加、および、人口増加が社会経済の繁栄にあたえる影響についての理論で名高い。また、過剰生産と総需要不足が経済問題をひき起こすことを最初に主張した人物としても知られている。マルサスはこうした見解を『人口論』（1798年）でとりあげた。

マルサスは、急激な人口増加によって農地がしだいに不毛な土地へと拡大していくことに注目した。人口が幾何学的に（つまり急激に）増えていくのに対し、生活に必要な物資の量は算術的に増えていく。つまり、ある時点を超えると、必要に見あった食料が入手できなくなる。供給が追いつかなくなって飢饉や貧困をひき起こし、物価上昇圧力が高まる。しかし、政府の助成金や個人の慈善活動によって貧困を撲滅しようとする対策は事態を悪化させるだけだ。なぜなら、マルサスいわく、貧困層の福祉が向上すると、人口増加がうながされ、供給の問題に拍車をかけるからだ。マルサスは人口増加を調整しなければ貧困は根絶できないと断言した。経済学が「陰気な科学」といわれたゆえんのひとつが、この見解である。

マルサスは土地の収穫逓減と、人口増加による食品価格の上昇に目を向け、さらに、地主が耕地の拡大による地代の値上げで利益を得ている点を指摘した。労働者が最低限の生活を送るために賃金を使い果たし、資本家が消費をひかえて利益を投資するのに対し、唯一、地主だけが財もサービスも生産しないのに製品やサービスの需要を生み出していた。地主は非生産的であるにもかかわらず、経済システムを効果的に機能させるために欠かせない存在だった。地主こそ、需要を生み、物価を上げつづけ、利益を増やし、資本蓄積の可能性を保持していたからだ。

マルサスの理論は不完全で支持しがたい点も多いが、経済学史上、重要な位置を占めていた。というのも、マルサスはデイヴィッド・リカードと個人的にも学者としてもつながりがあったからだ。ふたりの討論はつねに理論的で意義深く、実際の政策に深い影響をあたえた。

マルサスは、地主は非生産的でありながら需要を生み出す唯一の階級だと考えた。経済拡張は地代の値上げに支えられるため、地主の存在は不可欠だったのだ。

デイヴィッド・リカード

資本主義の台頭

David Ricardo

生年
1772年、ロンドン、イギリス

没年
1823年、グロスターシャー、イギリス

アダム・スミスの『国富論』が刊行された1776年からデイヴィッド・リカードの『経済学および課税の原理』初版が刊行された1817年までは、社会的かつ経済的なエリート、資本家階級の台頭が目立った。リカードは先例のない抽象的な分析を行なったが、研究意欲を駆り立てたのは、イギリスの穀物法、救貧法、議会制度改革といった当時の政策論争に対する現実的な関心だった。

1815年、リカードは穀物法を批判する小冊子を発行し、穀物の輸入規制による地代の値上げは利益を減らし、投資を抑え、経済成長を遅らせると主張した。リカードは地主、資本家、労働者間における国民生産の分配に関心を示したが、なかでも注目したのはこの分配が将来の蓄積におよぼす影響だった。

リカードは、資本家の利益は社会の利益全般と同一だと考えた。資本家の投資が経済成長の原動力になるからだ。いっぽう、地主はぜいたく品を求める非生産的消費者だが、彼らも経済成長から利益を得る。リカードと正反対の理論を唱えたのは、個人的には友人だったマルサスで、地主の利益が社会全体の利益と一致すると考えた。だからこそ、マルサスは安価な外国穀物の輸入を規制する穀物法に賛成した。しかし、リカードは反対した。必需的消費である穀物の価格が下がれば利益が増大するからだ。

リカードの見解によれば、実質賃金の値上げは生産にあてる労働時間が変わらないかぎり商品価格にはなんの影響もないが、利益には悪影響をおよぼす。利益は賃金を支払ったあとの余剰だからだ。こうした賃金と利益の逆相関は資本主義のイメージと合致せず、さらには資本家と労働者の衝突を浮き彫りにした。

リカードいわく、利益が減少するのは不毛な耕地を拡大するからだ。利益率の低下は、結局、定常状態につながる。利益が激減すれば資本家は投資をひかえる。したがって、安価な外国の穀物をイギリスに輸入すれば、のちのち過ちを思い知ることはないのである。

穀物法

リカードは当時の政治問題に対峙し、穀物法に断固反対した。リカードによると、穀物法は、地主、資本家、労働者すべてに利をもたらす経済成長を阻害していた。

ジョン・スチュアート・ミル

人道主義経済学

John Stuart Mill

生年
1806年、ロンドン、イギリス

没年
1873年、アヴィニョン、フランス

ジョン・スチュアート・ミルは経済学に人間的要素を導入した先駆者である。ミルは階級によって富の分配に差があることに注目したが、初期の経済学者たちにとってそれは不可避の現実だった。しかし、ミルは労働者が力をもたない現状に終止符をうち、社会正義をとりもどさなければならないと考えた。

ミルは経済学にかんする初の教本を出版した。『経済学原理』［副題「社会哲学への若干の応用（with Some of their Applications to Social Philosophy）」］（1848年）は、リカードやマルサスら古典派による経済理論の決定版である。本書は大成功をおさめ、19世紀末まで最高の教本でありつづけた。

それまでの古典派同様、ミルも定常状態を惹起する利益率の低下傾向に注目した。ただし、初期の経済学者が定常状態を不景気や貧困と結びつけたのに対し、ミルは経済進歩による至高の最終結果だと考えた。社会が十分な豊かさを手に入れ、労働者は人口増加による悪影響を理解する。人口が安定すれば、賃金が下がる心配もなければ、生産を増加させる理由もなくなる。高賃金と生産減少は資本家を不利な立場に追いこみ、資本家階級は消滅する。人々は蓄積を望むかわりに、社会正義の達成や公平な富の分配に取り組むようになる。個人の私欲ではなく公共心がいきわたるのだ。

ミルが残した重要な功績のひとつは、生産の法則と分配の法則を区別したことだ。生産の法則は自然の法則に似ているが、分配の法則は自然界に存在しない。分配は社会の法と慣習、つまり人間が築いた歴史的制度に支配される。ミルは労働者の福祉に強い関心をよせ、分配を左右する社会の力こそ、貧困層や恵まれぬ人々の社会福祉を向上させる鍵だと考えた。富をより公平に分配するために、社会は没収、再分配、課税、補助金交付、相続権の制限を実施することが可能であり、また、実施しなければならない。そうすれば、個人の財産でさえ富を公平に分配する際の障害にはならないのだ。

ミルは裕福な階層から貧困層へと富を再分配するために政府が介入すべきだと考えた。人々が富の蓄積を切望しなくなり、重要な社会的課題に集中する時代を期待したのである。

カール・マルクス
社会主義経済学

Karl Marx

カール・マルクスは偉大な哲学者、政治理論学者、活動家、歴史家として広く知られているが、経済学者としての顔はさほど有名ではない。マルクスの名は、通常、敬意を表して社会主義と結びつけられるが、社会主義を扱った著作は少なく、資本主義にかんする研究書が多い。

代表作『資本論』（副題は「経済学批判」）（1867年）において、マルクスは古典派の概念や理論をとりいれ、自分流に表した。労働価値説、利潤率低下、分業など、いまではマルクスと関連づけられる多くの見解はすべて、アダム・スミスやリカード、また、彼らに先んずるペティや重農主義者の研究にもみられる。ただ、実際に「古典派経済学」という言葉を導入し、古典派経済学者と「俗流経済学者」を区別する特徴を定義したのはマルクスだった。

マルクスは事実に忠実なアプローチを行なった。前資本主義的生産様式に立ち戻って市場を読む学者や、歴史的システムとしての資本主義の特異性を識別できない学者を批判した。マルクスにとって、資本主義の「運動法則」を理解するためには、生産の社会的関係を分析することが不可欠だった。「商品」や「資本」といった概念カテゴリーは、単独で、つまり社会的関係と切り離して理解することは不可能なのだ。

マルクスにとって資本主義は危険なシステムだったが、技術革新や経済成長を促進するという点においては発展の要素をふくんでいた。技術革新や経済成長は生活水準を築くうえでのたんなる必要条件にすぎず、ひとたび生活水準を確立したら社会の力によって社会主義へと移行できる。マルクスいわく、資本主義の要は資本蓄積であり、資本蓄積は労働力の開拓により生み出されるものだった。

マルクスの「運動法則」には「支配的傾向」もふくまれる。支配的傾向は介入政府によってやわらげられる可能性があるとはいえ、国家にもこうした法則をくつがえすことはできない。したがって、資本主義体制下で経済政策がもつ影響力はかなり制限され、資本蓄積の限界はシステムそのものに内在する。この見解はよく、「資本主義は自己破壊の種をふくんでいる」という言葉で表現される。しかし、それでも社会主義制度を誕生させるためには、とりわけ労働者階級における政治活動が欠かせないのだ。

生年
1818年、トリアー、ドイツ

没年
1883年、ロンドン、イギリス

マルクスは資本主義経済の中心をなす貨幣の流通に注目した。資本主義経済は労働力を駆使して資本蓄積のみを果たす。マルクスは、資本主義体制下でいったん十分な生活水準を整えたら社会主義に移行すべきだと提唱した。

1870

W・スタンレー・ジェヴォンズ『経済学の理論』（1871年）／カール・メンガー『国民経済学原理』（1871年）

レオン・ワルラス『純粋経済学要論』（1874年）

1890

アルフレッド・マーシャル『経済学原理』（1890年）

クヌート・ヴィクセル『財政理論研究』（1896年）

アーヴィング・フィッシャー「大恐慌の負債デフレーション理論」（1933年）

1935

ロナルド・コース「企業の本質」（『企業・市場・法』収録）（1937年）

フリードリヒ・ハイエク『隷属への道』（1944年）

1945

ポール・サミュエルソン『経済分析の基礎』（1947年）

1950

ケネス・アロー『社会的選択と個人的評価』（1951年）

1955

ジェームズ・ブキャナン『公共選択の理論——合意の経済論理』（1958年）

1960

ジェームズ・マーリーズ『経済成長の新モデル（A New Model of Economic Growth）』（1962年）

1965

ロバート・マンデル「最適通貨圏理論」（『国際経済学』収録）（1968年）

1970

ユージン・ファーマ『効果的資本市場——理論的・経験的研究の考察（Efficient Capital Markets : A Review of Theory and Empirical Work）』（1970年）

1975

ミルトン・フリードマン『選択の自由——自立社会への挑戦』（1980年）

1980

ベン・バーナンキ「大恐慌の波及メカニズム——金融危機の非貨幣的効果」（『大恐慌論』収録）（1983年）

1985

アラン・グリーンスパン　連邦準備制度理事会議長（1987-2006年）

1990

トマス・サージェント『合理的期待の計量経済学（Rational Expectations Econometrics）』（1991年）

1995

エドムンド・フェルプス『報われる仕事（Rewarding Work）』（1997年）

2000

ジョン・H・コクラン『資産価格論（Asset Pricing）』（2001年）

第2章
新古典派経済学

現在、経済学の主流として広く教えられている新古典派経済学は、個人のニーズ、有用性、行動様式によって価格を決定する需要と供給のモデルを採用している。経済に数学的分析を適用する新古典派は、生産を政治的観点から分析するのをやめ、本質的な経済交流に着目している。

貨幣と金融

貨幣は資本主義が発展する以前から存在しており、以来ずっと市場経済と関連づけられてきた。物々交換のような制度が普及している経済では、労働の分業、つまり専門化の拡大は制限されるが、貨幣があれば分業や交換の幅は広がる。したがって、貨幣、交換、分業はともに発展する。

家族内で必要物資をすべて生産し、売買を行なわない自給自足の例を除き、生産者は特定の財を製造販売し、その代金で自分たちの必要な財やサービスを購入する。

貨幣はその機能によって定義される（「貨幣とは貨幣がなしうることである」）。貨幣の機能とは、価値尺度、交換手段、価値貯蔵手段の３つだ。価値尺度（計算単位）は各商品が有する価値を測定する機能を意味する。交換手段には、財やサービスと直接交換する購入、および、債務返済というふたつの側面がある。価値貯蔵手段は貨幣自体が最終目的となり、富の蓄積を意味する。貯蔵のため貨幣を使わずにいると、財は売れ残り、経済危機につながりかねない。

消費や投資の資金となる貨幣は、地域の経済水準を決める要因となる。したがって、金融制度や信用制度の発展レベルは非常に重要だ。信用取引の確立やその条件は現代経済運用の要となっている。現在の貨幣はほとんどが「不換紙幣」で、金本位制や商品本位制とは異なり、為替レートが固定していない変動相場制をとっている。しかし、通貨統合、ペッグ制（自国の通貨と特定の通貨の為替レートを一定に保つ制度）、カレンシーボード制（為替レートを固定するだけでなく、通貨の発行量を外貨の保有量に連動させる制度）などの固定相場制もある。変動相場制と固定相場制、どちらをとりいれるかは経済政策を大きく左右する。

貨幣理論は大きくふたつに分けられる。貨幣金属説と貨幣表券説だ。貨幣金属説では、貨幣を、市場で各個人が発揮する合理的行動から生まれるものと見なす。いっぽう、貨幣表券説では、貨幣は

「交換のもつ徳によって、ひとりの成功がみなに利益をもたらす」

フレデリック・バスティア

「国家（あるいは中央政権）の創出物」だ。こうしたアプローチには複数の枝葉があり、貨幣表券説のなかには、金本位制や商品本位制も国がシステムを構築して尺度等を定めるという点から表券主義だとする見方もある。

多くの経済学者が重視しているのは貨幣の一般受容性だ。貨幣に価値をもたせるには、貨幣が国民に受け入れられなければならない。この受容性は、通常、納税等によって保証されている。

レオン・ワルラス 一般均衡

Léon Walras

長年、経済学理論はニュートン物理学を適用した均衡論と関連づけられてきた。消費者市場は財の需要と供給が等しくなったとき均衡となる。均衡は、特定の市場にのみ起こる場合（部分均衡）と市場全体で同時に起こる場合（一般均衡）がある。

フランスの経済学者レオン・ワルラスは、経済の一般均衡の研究にはじめて数学的分析をとりいれた。それ以前は、ほかの市場活動がすべて一定であると仮定した場合の個別市場にのみ適用される部分均衡の概念しかなかった。

ワルラスは部分均衡という考え方には欠陥があると考えた。実際のところ、ほかの市場と切り離して考慮できる市場など存在しないからだ。ある市場における需要と供給の変化は、その変化によるフィードバック効果でほかの市場に影響をおよぼすのである。

著書『純粋経済学要論』（1874年）で、ワルラスは市場グループの相互依存に対する解決策を提案した。アプローチの核心は「タトヌマン（模索過程）」とよばれる。これは、競売人が参考価格を提示し、買い手と売り手が買い値と売り値を調整していく試行錯誤プロセスだ。提示価格で供給過多になる場合、競売人は供給が減って需要が増えるよう値を下げる。それでも買い値と売り値が折りあわない場合は、新たな値が提示され、需要と供給が等しくなるまでこのプロセスが続けられる。いったん均衡が得られると、どの市場においても価格を変更すれば均衡が乱れる。すると「ワルラスの競売人」による新たな調整がはじまるのだ。したがって、相対価格の変化により、消費者は消費量を、生産者は生産量を調整し、均衡を見出す。経済の一般均衡とは、全関連市場において消費者と生産者が同時に均衡を得る状態である。

ただし、経済全体を見ても実際にはこうした「競売人」は存在しないため、ワルラスの唱えるシステムは非常に抽象的だ。価格設定は不完全であり、全市場同時に均衡をもたらす本質的メカニズムは存在しない。

生年
1834年、エヴルー、フランス

没年
1910年、モントルー近郊クララン、スイス

ワルラスの功績で重要な点は、全市場を相関的にとらえたことだ。ある市場での需給の変化はほかの市場の需給の条件に影響をおよぼすのである。

限界効用理論

W・スタンレー・ジェヴォンズ

W. Stanley Jevons

生年
1835年、リヴァプール、イギリス

没年
1882年、ヘイスティングス、イギリス

新古典派（限界効用学派）経済学の４大創始者として、マーシャル、ワルラス、メンガーとともにたたえられるW・スタンレー・ジェヴォンズは、1871年に『経済学の理論』を出版し、1872年、ロイヤル・ソサエティのフェローに選ばれた。

マーシャルが古典派経済学の継続を主張するかたわら、ジェヴォンズはスミスやリカードが築いた伝統を限界効用理論が断ち切ると主張した。古典派は農業と工業に対して異なる分析をしていた――農業の収穫逓減と工業の収穫逓増である。古典派による収穫逓減の概念では、費用逓減の内包的要因および外延的要因を考慮した。つまり、問題の質的側面と量的側面の双方を見ていた。いっぽう、新古典派は量的側面のみから分析を行ない、収穫逓減をすべての「生産要素（土地、労働、資本）」にあてはめた。

ジェヴォンズは、価値はまさしく効用によって決まるものだと主張した。スミスやリカードのような古典派経済学者にとって、効用は商品の有用性を意味したが、ジェヴォンズら新古典派は、効用を商品の客観的特性ではなく消費者が実感する主観的満足度だと見なした。この主張は価格理論における需要の重要性をあらためて強調した。古典派からすれば需要はほんのささいな役割しかもたず、価格は労働価値や費用などの要素を考慮して決定されるものだった。

もうひとつ、ジェヴォンズが研究をへて強調したおもな改善点は、焦点を生産から交換に移したことである。この進展は「政治経済学」から「経済学」への移行につながった。古典派にとっての政治経済は、社会が必要物資を供給するためにみずから制度を組織化する手段だった。ジェヴォンズはこの見解を否定し、経済学を、利用競争のなかで希少資源を割りあてる科学だと見なした。この主張は、人間のかぎりない欲求に対する資源の希少性をも訴えている。ジェヴォンズ自身、学問の分野名が政治経済学から経済学に変わることを心から喜び、経済学から社会学的側面と政治学的側面を切り離した。

ジェヴォンズは自身の経済理論に限界効用の概念をとりいれ、新古典派の原理を定義した。限界効用理論は経済システム内で起こる小さな諸変化と、その変化が個人の選択と公共政策におよぼす影響に注目する。

カール・メンガー
オーストリア学派

Carl Menger

生年
1840年、ノイ・ザンデツ、オーストリア帝国ガリツィア（現ポーランド、ノヴィ・ソンチ）

没年
1921年、ウィーン、オーストリア

オーストリア学派のカール・メンガーは新古典派経済学創始者のひとりである。ただし、メンガーの経済学に対する理論的アプローチは非常に独特だったため、「オーストリア学派」という分派としてとらえられた。オーストリア学派の冠石は価値と価格の決定理論で、その礎はメンガーの著書『国民経済学原理』（1871年）に記されている。

メンガーが唱えた価値論の鍵は、効用、つまり財の消費によって生じる満足度の理解にある。財の利用価値は個人の要望や希望を満足させる力によって決まる。消費者が財に感じる利用価値は、その財が実際に要求をどれだけ満たしてくれるかに左右されるのだ。消費者は各自異なる優先順位をもっているため、順位の低いものは後まわしにして、まず最優先の必要を満たす。そして、いったん満たされると、財の価値は１単位追加消費するたびに薄れ、効用が逓減していく。

最後の１単位から得られる満足度の増加分を限界効用といい、限界効用は消費量が増えるにつれ逓減し、商品価格と消費量は逆相関となる。

もし制限があれば、人は最重要の要求だけを満たし、残りはあきらめる。メンガーは、価値とはこのように特定の状況下で個人的に決定されるため、完全に主観的なものだと結論づけた。

メンガーはアダム・スミスの「ダイヤモンドと水のパラドックス」［16ページ参照］に触れ、価格に影響するのは水の全体的な有用性ではなく一杯の水の有用性である――つまり、総効用ではなく限界効用であると説いた。たとえば、喉が渇いて死にそうな人間がダイヤモンドと一杯の水を差し出されたら、迷うことなく水を選ぶだろう。この場合、水に対する欲求（効用）はダイヤモンドに対する欲求より大きい。しかし、ひとたび喉の渇きを癒したら、水に対する欲求（限界効用）は減少する。同様に、もしある人間が水入りのボトルを７本持っていたら、１本しか持っていない場合より１本の有用性は低下する。ただし、ダイヤモンドの限界効用はきわめてゆるやかに逓減する。供給量がかぎられ、需要が高いからだ。ゆえに、水のほうが役立つにもかかわらず、貨幣価値はダイヤモンドのほうが高いのである。

メンガーの原理は「限界効用逓減の法則」と名づけられた。この法則でメンガーは、消費者が喜んで支払う価格は財が生み出す限界効用によって決定されると説いた。

アルフレッド・マーシャル
部分均衡

Alfred Marshall

生年
1842年、ロンドン、イギリス

没年
1924年、ケンブリッジ、イギリス

アルフレッド・マーシャルは新古典派創始者４人のうちのひとりだ。新古典派は現在も経済学で優位を占めている基本的枠組みである。マーシャルは著書『経済学原理』（1890年）において価格は需要と供給によっておのずと決まると論じ、需要と供給の理論を打ち立てた創設者として認められている。

マーシャルは、数学こそ「果てしない煩雑」ではなく「大規模な経済活動の細部に光をあてる」効果的分析アプローチだと考えた。この点から、社会経済プロセスが複雑にからみあい、進化しつづけているという本質を完全に把握していたことが読みとれる。しかしながら、経済システムはあまりにややこしく、すべてを理解し、研究することは不可能だ。そこでマーシャルは部分均衡を分析する静学的方法を導入した。この方法は、ほかの条件はすべて一定だと仮定したうえで特定の企業や産業の動向を調査する。要するに、その企業や産業が完全に孤立して機能しているという前提で分析するのだ。

マーシャルは数学的ツールを用い、経済理論を主眼とするダイアグラム法を発案した。とはいえ、数式はおもに著書の脚注に記したにすぎず、「いったん目的を果たしたら数学などすててしまえ」という有名な言葉も残している。

マーシャルが提唱した静学的部分均衡分析の範例では、個別企業の市場価格は需要曲線と供給曲線の交点で決まる。需要と供給の２枚刃からなる、いわゆるマーシャルの「ハサミ」は経済分析の要となった。

マーシャルは完全競争市場の理論を発展させ、経済分析の体系をまとめあげた。基盤となっている概念は、消費者と生産者の余剰、限界効用逓減、短期均衡と長期均衡の区別、収穫逓減と収穫逓増の法則、内部経済と外部経済、その他新古典派の要となっていくツール一式である。マーシャルは「代表的企業」の定義を、内部経済および外部経済における発展水準を満たす企業とした。このように、経済分析の焦点は古典派経済学の「総括的力学」からかけ離れ、周囲の経済や社会から孤立した個別因子に変わった。

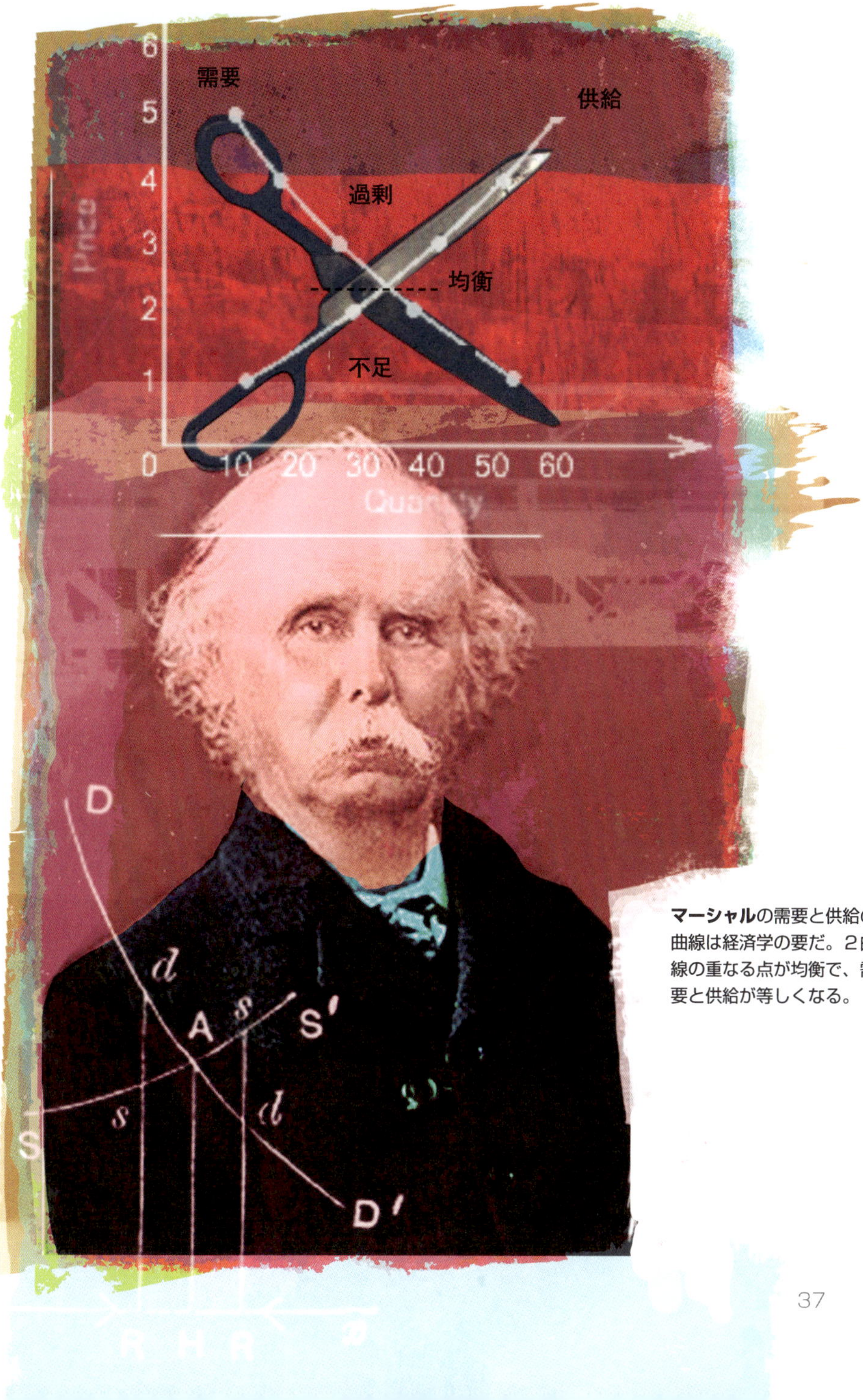

マーシャルの需要と供給の曲線は経済学の要だ。2曲線の重なる点が均衡で、需要と供給が等しくなる。

クヌート・ヴィクセル
累積過程

Knut Wicksell

スウェーデンのクヌート・ヴィクセルは新古典派の重要な経済学者だが、学派を超えて影響をあたえている。ヴィクセルはミクロ経済学とマクロ経済学の双方に貢献し、研究の範囲は、企業理論、貨幣と利子率、技術変化、資本理論、税制、公共財政におよんだ。

ヴィクセルの累積過程論は、自然利子率（資本収益率）と市場利子率（銀行の貸付利子率）の区別が起点となっている。もし自然利子率が市場利子率より高ければ、投資家は借入費用を超えるリターンが期待できるため、投資額が増え、物価は急上昇する。逆に、自然利子率が市場利子率より低ければ、投資額が減り、物価は下がる。どちらもヴィクセルが累積過程と名づけた現象で、均衡をとりもどす確実なメカニズムがないため自己強化を続ける。この分析には、以下にあげるとおり多くの重要な含意がある。

まず、直接的な政策含意として、安定を得るには通貨当局が銀行利子率を自然利子率と等しくしなければならない。第二に、どちらの過程も貯蓄額と投資額の相違をともなうが、投資が貯蓄を超えるには、銀行が貯蓄を優先せず、投資資金を調達する与信枠を拡大しなければならない。しかし、これは従来の経済体制では許されていない。こうした一連の見解は、セイの法則（「供給はみずから需要を生み出す」）が通用しないという分析につながり、さらに、貨幣供給は中央銀行が直接コントロールするのではなく、市場の力、とりわけ信用貨幣の需要によって決まるという経済システムのヴィジョンを映し出している。第三に、セイの法則に疑問を投げかけるのにくわえ、ヴィクセルはケインズに先んじ、貨幣的要素は生産高や雇用などの実質的変数に影響をおよぼすと分析した。

こうしたヴィクセルの諸理論はストックホルム学派の特徴となり、ヴィクセルに師事した多くの教え子たちが受け継いだ。グンナー・ミュルダールは累積過程の観点を貧困や未開発などの経済社会学に幅広くとりいれ、さらにこの功績がニコラス・カルドアの累積的因果関係の研究に影響をあたえた。

生年
1851年、ストックホルム、スウェーデン

没年
1926年、ストックスンド、スウェーデン

ヴィクセルは「マクロ経済学の父」とよばれている。ミクロ経済学が家庭や企業に注目するいっぽう、マクロ経済学は国家や世界の全体像を焦点とする。

アーヴィング・フィッシャー
Irving Fisher
負債デフレーション

生年
1867年、ニューヨーク州ソーガティーズ、アメリカ

没年
1947年、ニューヨーク州ニューヨーク、アメリカ

20世紀前半に活躍したアメリカの通貨主義者アーヴィング・フィッシャーは、経済概念を明確にした生みの親である。フィッシャーは実質変数と貨幣（名目）変数の二分法を強調した。現実の経済は人口増加や技術などの要因で決まるが、貨幣はたびたび幻想を生み出す。たとえば、名目所得と実際の購買力を区別できない場合である。

1911年、著書『貨幣の購買力』でフィッシャーは古典派の貨幣数量説を再構成し、かの有名な交換方程式ＭＶ＝ＰＴを展開した。Ｍは貨幣流通量、Ｖは貨幣流通速度、Ｐは物価水準、Ｔは経済活動水準を示す取引量だ。

暗に示されているのは、貨幣流通速度は多少の差こそあれ一定で、経済活動水準は短期的に比較的安定しているという前提だ。したがって、貨幣供給量が増えると物価が上がる。この交換方程式はのちに通貨主義の理論的基盤となった。

1933年、フィッシャーは論文「大恐慌の負債デフレーション理論（The Debt-Deflation Theory of Great Depressions)」を発表し、のちの金融不安定性仮説につながる重要な貢献を果たした。この論文は、1929年から1933年にかけてアメリカが経験したような恐慌をひき起こす経済メカニズムを解説している。

インフレが実質的負債額を減らすのと同じプロセスで、デフレは負債額を増やす。負債は額で表されるため、物価の下落により実質的貨幣価値が増すと、世帯、政府、企業の実質的負債額は増加する。負債者は実質的負債額が増加すると、債務を果たすために自身の財産を売却せざるをえなくなり、結局、資産価格が低下する。また、企業は負債を返済するために経費削減をはかり、労働力をカットし、他企業からの購入をひかえる。こうして経済全体の企業所得が減り、ひいては世帯所得が減る。需要の減少がさらなる物価下落圧力をかけるため、実質的負債額はますます増加する。

フィッシャーは、貨幣供給量を急増させればインフレが起こり、負債デフレ抑止策になると提案した。物価の上昇は実質的負債額の減少につながり、負債デフレのサイクルが逆に作用して企業に救いがもたらされるのだ。

フィッシャーはデフレが実質的債務負担の増加を導く過程を解説した。負債返済のために経費削減をはかると、かえって実質的負債額が増えるというパラドックスである。

フリードリヒ・アウグスト・フォン・ハイエク

Friedrich August von Hayek

現代オーストリア学派

生年
1899年、ウィーン、オーストリア

没年
1992年、フライブルク、ドイツ

オーストリア学派のルーツはカール・メンガーにさかのぼるが、20世紀の代表といえばフリードリヒ・ハイエクだ。ハイエクは社会主義や集産主義の思想と相反する自由民主主義と自由市場資本主義の擁護で知られ、信奉者たちが現在のオーストリア学派を引き継いでいる。

ハイエクは1930年代前半、ロンドン・スクール・オブ・エコノミクスの教授をつとめていたが、やがてアメリカに渡った。以来、教え子たちがアメリカでオーストリア学派のアプローチを守りつづけている。1974年、ハイエクがノーベル経済学賞を受賞するとオーストリア学派の勢いが復活し、ハイエクの思想はアメリカ元大統領ロナルド・レーガンやイギリス元首相マーガレット・サッチャーに影響をおよぼしたといわれている。オーストリア学派は現在もなお活況を呈し、ニューヨーク大学、オーバーン大学、ジョージ・メイソン大学に集《つど》っている。

ハイエクは経済理論の先導者としての評価を喜び、ルートヴィヒ・フォン・ミーゼスとともに社会主義経済計算論争に対するオーストリア学派の立場に有意義な貢献を果たした。新古典派のなかには、社会主義の価格理論は計画経済に適用可能で、資本主義システム内より巧く作用するだろうと主張する者もいた。しかし、ハイエクとミーゼスはそうした見解に反対し、集産主義システムにおいては、市場という枠組みにおいてのみ秩序が得られる分散した知識を収集することは不可能だと指摘した。また、オーストリア学派は社会主義に対して政治的異議を唱え、その主張はハイエクの著書『隷属への道』（1944年）におさめられている。

ハイエクとミーゼスはオーストリア学派の景気循環論にも影響をおよぼし、貨幣、銀行、中央銀行の問題に重要な示唆をあたえた。オーストリア学派はケインズと対照的に、景気後退や不況の原因は劣悪な金融政策にあると考えた。とりわけ、過度な貨幣創出はインフレをひき起こし、資本財産業と消費財産業のバランスを調整する価格のシグナル効果にダメージをあたえる。この分析は自由銀行制や民間の貨幣創出の提案へとつながった。多くの諸問題同様、ハイエクとミーゼスは見解を前面に押し出し、市場は介入政府とは異なる方法で経済的要素を自己管理できる、つまり自由市場のほうがよい結果を生むと訴えた。また、ハイエクは、わずかな例外はあるものの政府の介入は事態を悪化させるだけだと論じた。

ハイエクは、政府が財の生産と分配をすべて決定する計画経済に異議を唱え、自由市場の力を信じた。

ロナルド・ハロルド・コース
Ronald Harold Coase

企業、外部性、財産権

生年
1910年、ウィルズデン、イギリス

没年
2013年、イリノイ州シカゴ、アメリカ

イギリス生まれの経済学者ロナルド・コースは、1937年に記した論文「企業の本質」[『企業・市場・法』収録] で取引費用という概念を確立し、経済学にはかりしれぬ貢献を果たした。1951年、アメリカに移住し、1961年、「社会的費用の問題」[同上] を発表して「法と経済学」という新たな分野を開拓した。この後期の研究は「コースの定理」として知られている。

コースは、企業、市場、法にかんして画期的な分析を行ない、現代経済学に深遠な影響をあたえてきた。企業の本質にまつわる初期の研究では、なぜ、経済主体が個々に直接交渉を行なわず、企業という組織が存在するのかを分析した。一般の経済理論からすれば、市場の効率性とは「社員を雇うより外部委託したほうが安上がりだ」という意味になる。これに対しコースは、企業家が人を雇う意義を分析した。そして、市場から財やサービスを得るためにかかるコスト、つまり取引費用は、企業が取引に必要なものをみずから準備して削減しているのだと主張した。要するに、もっとも効率のよい生産プロセスを生み出すのは企業なのである。

「社会的費用の問題」は外部性の問題――市場価格に反映されない取引費用あるいは便益――を追究している。本書のなかでコースは、外部性の責任がどこにあるかはつねに明確にできるわけではなく、最善策は外部性の影響を受ける人々が法や訴訟に頼らず、みずから解決策を探ることだと述べた。ここでもコースは取引費用にかんする持論を提示し、もし取引費用がゼロなら人々は直接交渉にのぞみ、それによって効率が上がるため、法や規制で統制するより好ましい環境が生まれると論じている。

現実には取引費用は存在する。法も必要だ。しかし、その法は取引費用がゼロだと仮定した場合（すなわち、もっとも効率的な解決策が実現したとき）と同じ結果をめざすものでなければならない。そうなれば、経済効率の観点から見て、交渉のどちら側に財産権があるかは無関係である。

「企業の本質」と「社会的費用の問題」はコースが記した論文のなかでもとりわけ影響力が大きく、コースはこの功績によって、1991年、ノーベル経済学賞を受賞した。2012年には101歳にして『中国共産党と資本主義』を上梓した。中央集権社会主義国家から世界第2位の経済大国へと成長した中国の進化を追究した本書は、経済の変遷を扱った貴重な文献として称賛を浴びている。

コースは、企業の存在理由を、市場に参入しつづけるには多額の取引費用がかかるからだと洞察した。取引費用（供給者や流通業者との契約書作成に必要な費用など）は企業が当該業務をみずからこなすことで削減できるのだ。

ミルトン・フリードマン

通貨主義

Milton Friedman

生年
1912年、ニューヨーク州ブルックリン、アメリカ

没年
2006年、カリフォルニア州サンフランシスコ、アメリカ

ミルトン・フリードマンは20世紀でもっとも有名かつ影響力をふるった経済学者のひとりだ。シカゴ大学で教鞭をとるかたわら通貨主義の第一人者となり、自由市場を断固支持し、経済への政府介入を先頭に立って批判した。フリードマンの概念は学術的に貢献しただけでなく世に広く普及し、おそらく経済学分野でだれよりもその名が知られている。

フリードマンは完全雇用とインフレ調整を促進するための財政政策および金融政策の有効性に反論した。拡張的金融政策はインフレをひき起こし、拡張的財政政策は民間支出の減少によって効果が相殺される。財政支出の増加分を課税でまかなえば、個人の可処分所得が減り、消費、貯蓄、投資が減少する。また、財政支出の増加分を借金で埋めあわせたら、貯蓄の減少がさらなる民間支出の減少を生み、最終的に総支出は増加しない。

フリードマンは、長期的に見て、貨幣は実質的生産高に影響をあたえず、過度な通貨拡大はインフレにつながると考えた。したがって、通貨主義の対インフレ政策は、貨幣供給量の減少、あるいは、貨幣供給量増加率の低下を必要とする。平常時、通貨主義者は経済の自然成長率に見あう貨幣供給量の増加を勧めている。自然成長率は年約3パーセントと見られており、人口増加、労働力供給の増加、技術進歩といった実質的要因によって確定する。

フリードマンの「自然失業率」という見方は重要な概念となった。「自然失業率」とは物価が安定する水準での最低失業率だ。この自然率を超えて失業を減らそうとすると、最終的にはインフレをひき起こす。

『選択の自由——自立社会への挑戦』（1980年）、および、初期に記した『資本主義と自由』（1962年）において、フリードマンは、政府ではなく市場が最大限の政治的自由と経済的進歩をうながすと説き、市場こそ現代の資本主義社会が抱えるほとんどの問題点に解決策を提示してくれると主張した。

フリードマンはインフレを過剰な貨幣供給による単純な通貨現象だと考え、1970年代、完全雇用達成を狙った拡張的金融政策が惹起したスタグフレーションを非難した。

ポール・サミュエルソン

新古典派経済学

Paul Samuelson

生年
1915年、インディアナ州ゲイリー、アメリカ

没年
2009年、マサチューセッツ州ベルモント、アメリカ

偉大な経済理論学者のひとりでありノーベル賞を受賞したアメリカの経済学者ポール・サミュエルソンは、経済分析に数学をとりいれるべきだと確信していた。経済学への貢献は、生産と消費の理論、厚生経済学など多岐にわたる。1965年には国際経済学協会会長に就任した。

サミュエルソンの教本は、50年以上、世代を超えた経済学者たちを教え育ててきた。ハーヴァード大学での博士論文は『経済分析の基礎』(1947年)出版につながった。本書は経済学教本のなかでも大成功をおさめた1冊である。また、いまや伝説となっている『経済学——入門的分析』(1948年)も20世紀後半の経済学教本ベストセラーとなった。

以降、『経済学』は変わりゆく経済情勢の影響を受け、サミュエルソンの見解の進化を反映し、初版から何度も版を重ねている。戦後初となった版では、戦後の失業、および、所得と雇用を促進しようとした財政政策と金融政策に強く反論した。戦後の安定が訪れたあとの後期版では、焦点が失業からインフレに移った。こうした推移から、経済学専門家の視点が新たな体験を通じて変わっていくことが読みとれる。

社会経済情勢の変化は、経済理論が静学的でありえないことを示唆している。サミュエルソンはジョン・メイナード・ケインズの見解を数学的に定式化して発展させた。何世代にもわたる学生たちが均衡国民所得水準を求めるツールとして「ケインジアン・クロス(45度線)」の所得・支出モデルを活用できたのは、サミュエルソンの『経済学』のおかげだった。均衡国民所得水準とは計画支出(総需要)と総生産(総供給)が均衡する所得水準である。『経済学』後期版で、サミュエルソンは経済理論の発展にともない、ケインズの理論を新古典派経済学と結びつけ、いわゆる「新古典派総合」を生み出した。数学的改良をくわえた経済理論統一の試みである。

サミュエルソンは財政政策や金融政策をとおした政府による経済全体の安定化に賛同しながらも、自由市場、自由競争、貿易への政府介入は最低限にとどめるべきだと提唱した。

ジェームズ・ブキャナン
公共選択論

James Buchanan

生年
1919年、テネシー州マーフリーズボロ、アメリカ

没年
2013年、ヴァージニア州モントゴメリー、アメリカ

ジェームズ・ブキャナンは公共選択論の父として知られている。公共選択論は政府や政治家の役割に対する経済学者の見方を変えた。ブキャナンは、利己的な個人の合理的行動は経済界にかぎらず公共部門でも見受けられ、公共部門を観察することで政治と政策を洞察できると主張した。

ケインズ経済学が多大な影響力をもち、第2次世界大戦後の政策を構築している時代、ブキャナンはその方法論的スタンスをはじめ、多くの基本的論点を批判した。ケインズ派のマクロ経済学がもつ高い集約性は、ブキャナンが支持する民主主義社会の方法論的個人主義に反していた。また、ケインズ主義の集約的アプローチは、機会費用など、個別レベルで作用している基本的経済原理をおおい隠したり弱めたりする。そのため、ブキャナンは財政赤字や国債にかんする討論に焦点をしぼるようになった。

政府の予算編成に対するブキャナンの姿勢は、「財政赤字タカ派」の赤字や負債に対する見方と一致していた。ブキャナンからすれば、赤字を埋めるために借金する政府は、貸付資金を求めて民間部門と張りあい、民間支出に圧力をかけ、利子率を押し上げているだけだった。未来世代に負担をかける国債は不道徳だ。ブキャナンは財政均衡をはかるため、長年にわたり憲法改正を訴えていた。

ブキャナンは、形式的モデル化にせよハイテクによる経験的アプローチにせよ、経済学に形式主義が蔓延することを嫌った。そして、道徳哲学の観点から経済学の原点（政治経済）に立ち戻った。アダム・スミスのように経済交流を重視し、相互の経済的要素に利をもたらす法や制度の制定を奨励した。法や制度の条件に注目したブキャナンは、ルール、ルール制定、ルール遵守の分析を行ない、その結果、古典派経済学に近づき、同時代の経済学者と一線を画した。多くの経済学者が経済を「科学」ととらえるなか、ブキャナンはこれに異論を唱えた。ブキャナンにとって経済学は哲学と同じく科学的要素もふくんではいたが、物理学ではなかった。

ブキャナンは公共選択論を提唱した。これは、政治家と政策立案者は次期選挙で当選するために社会福祉を推進することがあるという理論である。

アラン・グリーンスパン
中央銀行

Alan Greenspan

生年
1926年、ニューヨーク州ニューヨーク、アメリカ

アラン・グリーンスパンは1987年から2006年までアメリカ連邦準備制度理事会議長をつとめた。1987年10月19日、議長に就任した直後、株式市場が暴落したブラックマンデーに直面した。ダウ・ジョーンズ平均工業株価で史上2番目となる日中下落率だった。

このときグリーンスパンは「連邦準備制度は必要な流動性をすべて提供する準備ができている」という声明を出し、ユニークなコミュニケーション・スタイルで知られるようになった。この発言は市場を鎮めるのに役立ったといわれている。

グリーンスパンの前任をつとめたのはポール・ボルカーで、1970年代後半から1980年代前半、景気後退とインフレの双方にみまわれる「スタグフレーション」に対峙した。ボルカーのもと、連邦準備制度はおもな金融政策として貨幣供給に焦点をしぼったが、グリーンスパンの時代になると、連邦準備制度は貨幣供給をコントロールできないということが明らかになった。そこでとった手段が、おもなふたつの短期利率を直接調整する金融政策である。ひとつめのフェデラル・ファンド・レートは、連邦準備制度の加盟銀行がほかの加盟銀行から準備金を借りる際の利子率だ。これはオーバーナイト・レート、または、銀行間貸出レートとしても知られる。ふたつめの公定歩合は、加盟銀行が連邦準備制度から準備金を借りる際の利子率だ。通常、ふたつの金利はほぼ等しく、プライム・レート(最優遇貸出金利)などほかの重要な利子率の指標となっている。

グリーンスパン議長時代に重要かつ議論をよんだ問題のひとつは、経済的優先度の入れ替えだ。インフレが「不倶戴天の敵」となり、完全雇用達成は国家政策としてさほど重要視されなくなった。グリーンスパンはインフレの調整手段として失業を利用し、たびたび批判を浴びた。インフレが頭をもたげると、グリーンスパンは経済を停滞させるために金利を上げ、結果として失業率を上げ、市場を鎮めた。それでも1990年代の好景気には、インフレを誘発すると考えられていたレベル以下にまで失業率を下げている。多くのオブザーバーがこの経験をふまえ、インフレをコントロールするには失業率を高く保つ必要はなく、低失業率と物価安定は両立可能であるとの見解を示した。

グリーンスパンはインフレを調整するため積極的に金利を利用した。1999年にはたてつづけに6回引き上げ、その後、2004年には史上最低水準まで引き下げている。

ロバート・マンデル
最適通貨圏

Robert Mundell

カナダ生まれのロバート・マンデルは最適通貨圏パラダイム、いわゆる通貨統合の理論的礎石を築いた。EUの通貨ユーロはあきらかにマンデルのアイディアを基盤としており、マンデルはしばしば「ユーロの父」とよばれている。

マンデルは、主として労働の自由な移動性、および、物価と賃金の伸縮性がある状況下において、特定の地域内で共通の通貨を使用するのは効率的だと提唱している。通貨が多種ある場合に生じる取引費用を削減できるからだ。マンデルはこのアイディアをヨーロッパに適用し、ヨーロッパの通貨を共通にすれば制度導入コストを超えた利益があると主張した。マンデルが説く通貨統合、つまり、新たな通貨創造の利点は、(1)地域を超えた労働の移動性、(2)地域を超えた資本の移動性と物価や賃金の伸縮性、(3)前２点によって不利となった地域に貨幣を再分配する自動的財政メカニズムだ。このメカニズムは、通例、通貨圏内の未開発地域に対する税の再分配という形をとる。

最適通貨圏には異議も出ており、なかには経験や歴史面からくる反論もある。「一政府一通貨」は経済活動のゆるぎない史実だ。さらに、最適通貨圏の理論によれば、国家が分裂しても独自の通貨をもつ新たな国家が生まれるわけではない。しかし、これはよくみられる現象で、旧ソ連やユーゴスラヴィアの事例がある。ふたつめの反論は、通貨統合にくわわった国家が自国の貨幣にもっていた尊厳を失うという問題だ。

マンデルの説く最適通貨圏は、ゲオルグ・フリードリヒ・クナップが提唱した「貨幣は国家の創造物である」とする表券主義と対照的だ。表券主義は前述したふたつの反論を受けることもない。「一政府一通貨」という考え方は、表券主義理論の経験的、歴史的裏づけであり、財政政策や金融政策の調整能力を保証する。

マンデルは最適通貨圏理論にくわえ、供給サイドの経済学、税政策、為替レート、国際収支の分野にも貢献している。

生年
1932年、オンタリオ州キングストン、カナダ

マンデルは最適通貨圏の概念をはじめて明示した。最適通貨圏とは、その圏内全域で単一の通貨を共有すれば経済の効率性を最大限に引き出せるであろう地域をさす。

エドムンド・S・フェルプス

労働市場

Edmund S. Phelps

生年
1933年、イリノイ州エヴァンストン、アメリカ

大恐慌のさなかにシカゴで生まれたエドムンド・S・「ネッド」・フェルプスはイェール大学卒業後、1971年、コロンビア大学教授に就任し、現在も教鞭をとっている。

フェルプスの功績は幅広い分野におよび、「ミクロ・マクロ」アプローチを多く採用しながら、失業、物価安定、貨幣理論、期待、労働市場力学を研究している。

フェルプスはいささか古風な「全般的経済学者」で、その理論的研究法は多くの分野に適用することが可能だ。もっとも有名な研究テーマとしては、自然失業率、統計的差別理論、賃金助成政策の分析などがあげられる。

統計的差別理論はゲーリー・ベッカーが唱えた「差別の経済学」のモデルに対応した見解だ。ベッカーのモデルによると、長期的に見れば競争市場に差別は存在しない。つまり、人種や性による経済の不平等を差別以外の要因（人的資本による生産性の相違など）による結果としてとらえるか、あるいは、完全競争の仮定をすてて不完全競争をとりいれなければならない。フェルプスはじめ統計的差別理論家は後者を選択している。たとえば、完璧な情報が得られず、雇用者が就職志願者ひとりひとりの生産性を知らないうえ、情報収集に費用がかかるとしたら、雇用者は特定グループ（人種別や性別）の平均生産性を低く見積もり、人種や性を「選考基準」として利用する。このように、決断は差別的かつ統計的にくだされ、さらに、経済学的にいえば差別は合理性が高いのである。

フェルプスは1997年の著書『報われる仕事（Rewarding Work）』で、雇用や高賃金を促進するため、政府が企業に助成金を出すべきだと提案した。生産性だけを基準に賃金を決めたら、低賃金しか得られない労働者が出てくる。彼らに高賃金を払えるのは企業しかない。また、低賃金労働者の多くは現状を好んでいないため、政府から失業手当を受けたほうがいいと判断するだろう。もし政府が一歩踏み出して高賃金を補助すれば、こうした労働者が労働市場に参入し、失業手当を受けなくてすむようになるのだ。

フェルプスは失業に注目した。低賃金労働者の賃金を助成する計画費用を算出し、高賃金と雇用によるプラス面を考慮した結果、むりのない政策であると結論づけた。

効率的市場仮説

ユージン・フランシス・ファーマ
Eugene Francis Fama

生年
1939年、マサチューセッツ州ボストン、アメリカ

ユージン・ファーマは現代金融の父と見られている。２冊の著書と100以上の論文を発表しており、アメリカでもっとも引き合いに出される学者のひとりだ。研究課題で有名なのは、株式市場、とりわけ、効率的市場仮説とランダムウォーク仮説である。ファーマの研究は株式市場の変動に対する見方に多大な影響をあたえた。ファーマは学究的調査を実際の投資界にあてはめ、「市場の効率性」や「効率的市場」という言葉を生み出した。

1965年、ファーマはみずからの博士論文にもとづいた論文を発表した。そのなかでランダムウォーク仮説を唱え、株価の動向にはいかなるパターンも見られず、ランダムウォーク（乱歩）によって展開するため予測不可能であると述べた。この仮説はファーマが1970年に論文で発表した効率的市場仮説と合致する。

効率的市場仮説において、ファーマは市場の効率性を３レベルに分けた。ウィーク・フォーム、セミストロング・フォーム、ストロング・フォームである。これら３タイプは、市場のどんな情報が証券価格に反映されているかを示している。ウィーク・フォームでは過去の市場価格やデータがすべて証券価格に反映されるため、証券から利益を得ることはできない。セミストロング・フォームにおいては、証券価格は企業の会計報告書など公的に入手できる情報も反映される。さらに、ストロング・フォームでは公私とわずすべての情報が反映される。

このように、ファーマは、効率的市場ではいついかなる時も証券価格が入手可能な全情報を反映しているため、実際の証券価格は本源的価値の推定額に一致すると結論づけた。つまるところ、利益を得ようとして証券を売買する投資家はいちかばちかの賭けをしているにすぎない。金融市場が十分な情報で満たされているかぎり、投資家は市場平均を超えるリターンを恒常的に得ることはできないのである。

長年、効率的市場仮説は理論的、経験的研究の主題となってきた。1987年にアメリカで起こったブラックマンデーや2007年の世界金融危機など、株式市場暴落の観点からも議論をよびつづけている。バブル経済はおそらくなんの道理もなく発生しているため、効率的市場仮説とはかみあわないのだ。

しかし、ファーマは持論を擁護しつづけ、偉大な金融経済学者としての役割を楽しんでいる。2010年には、これまでの50年におよぶわが研究は良き軌跡を残してきたし、金融はこれからも不確定な未来に向かってすばらしい歩みを続けていくだろうと語った。

ファーマは効率的市場について研究し、株価は十分な情報が反映されていると結論づけた。そうなると、投資家は市場平均以上の利益を得ることはできない。つまり、投機バブルは不合理な異例の事態なのだ。

ベン・シャローム・バーナンキ

Ben Shalom Bernanke

金融危機における金融政策

アメリカの経済学者ベン・バーナンキはプリンストン大学で教授をつとめたあと、アメリカの中央銀行である連邦準備制度の理事会メンバーとなった。2006年2月、ジョージ・W・ブッシュ大統領政権下で連邦準備制度理事会議長に選出され、2010年にはオバマ政権下で再任を果たしている。

バーナンキは著作でよくとりあげられる経済学者として世界のトップ50に入り、大恐慌の経済的、政治的要因について多くの論文を発表している。ミルトン・フリードマンの見解に同意し、大恐慌の原因は連邦準備制度による貨幣供給削減にあると指摘した。

バーナンキは、1930年から1933年の金融混乱は信用配分の効率を阻害し、信用コスト増加と信用枠縮小につながったと見ている。これが総需要を減少させ、銀行貸出の減少を助長し、結果、総需要をさらに減少させた。バーナンキはこのプロセスを金融の加速度効果と見なした。

大恐慌研究の権威であるバーナンキは、連邦準備制度理事会議長に就任した直後、1930年代以来最悪の経済危機に直面した。2007年にはじまったこの世界金融危機は長期化し、景気は停滞しつづけた。一般に、バーナンキは大恐慌の再来を回避するために経済政策を打ち立てた人物だと見られている。連邦準備制度は大規模な銀行救済を実施し、短期利率を下げ（現在はゼロに近い)、多量の債権買い入れにより長期利率も下げようと試みた。こうした低金利が個人消費や企業の投資をうながし、株価や住宅価格を支えるのだ。

法により、連邦準備制度は金融政策を管理し、価格安定を維持し、雇用率を最大限にまで上げなければならない。しかし、2012年の失業率は、アメリカ経済がゆるやかに拡大しているにもかかわらず8.3%と依然として高く、2015年までに7%を下まわることはないと見られている。先日、バーナンキは、アメリカ経済は十分な刺激策をとりいれているのかどうかいまだ疑問が残っているとし、経済活性化のためさらなる行動に出るつもりだと述べた。

バーナンキを批判する者は、連邦準備制度こそ迫りくる危機を予測し、まずなにより住宅バブルを回避すべきだったと非難している。

生年
1953年、ジョージア州オーガスタ、アメリカ

1930年代の大恐慌にかんする権威**バーナンキ**は、大恐慌の原因は貨幣供給を削減した中央銀行の政策にあったと考えた。それでも、金融政策は経済を不況から脱出させ、活性化させる主要手段になりうると主張している。

ジョン・H・コクラン
淡水学派

John H. Cochrane

ジョン・コクランは「淡水学派」の第一人者だ。淡水学派とよばれるゆえんは、シカゴを中心として五大湖周辺に位置する大学に端を発するからである。現在、コクランはシカゴ大学教授をつとめ、金融経済学とマクロ経済学を専門としている。

淡水学派は1970年前半に登場し、それまでのマクロ経済学で確立されていた理論と対立する急進的見解を示した。従来の理論は、アメリカ西海岸と東海岸沿いの経済学者に支持されていたため、塩水学派とよばれている。

淡水学派は自由市場の卓越性を信条とする古典派経済学を信じている。経済は自己安定をはかり、完全雇用均衡に達すると論じ、政府の財政政策や金融政策の役割を否定している。経済危機はもともと景気循環の一部であり、危機を迎えることで市場の非効率性を解消していくため、長期的に見れば経済は発展するのだ。

近年、コクランは金融危機の観点から攻撃をしかけてくる塩水学派に対し、淡水学派の見解を擁護している。経済学者が迫りくる危機を予測できなかったという批判もあるが、コクランからすれば効率的市場仮説が明らかにしているとおりだ――市場の動向などだれにも予測できない。政治家にも、学者にも、官僚にも。コクランは自由市場に賛成しながらも、市場が完璧な制度だとは述べていない。ただ、政府の介入や市場調整、とりわけ金融市場調整の試みがつねに事態を悪化させてきたと主張しているのだ。

コクランは多くの経済学者が求めている財政刺激策に反対し、増税でまかなう財政支出等、借り入れによる支出にはなんの効果もないと述べている。もし国民が、蓄積した財政赤字を埋めるために今後高い税金を支払わなければならないと知ったら、いままで以上に貯蓄しようとするだろう。政府の負債を負担し、あくまで節約する。事実、財政支出の増加によって国民が貧しくなっているため、コクランは乗数効果が逆に働くと訴えている。コクランいわく、これまでの数十年間、単純なケインズ主義によって方向づけられてきた政策は失敗に終わっているのだ。

生年
1957年、イリノイ州
シカゴ、アメリカ

コクランは自由市場の効率性を信じ、財政政策や金融政策による政府介入を否定した。市場は完璧な制度ではないが、政府がコントロールしようとすれば事態は悪化するだけだ。

1930

ジョーン・ロビンソン『不完全競争の経済学』（1933年）

1935

ジョン・メイナード・ケインズ『雇用、利子および貨幣の一般理論』［通称『一般理論』］（1936年）

ジョン・ヒックス『価値と資本』（1939年）

1940

アバ・ラーナー『統制経済学（The Economics of Control）』（1944年）

1945

1950

1955

ドン・パティンキン『貨幣・利子および価格――貨幣理論と価値理論の統合』（1956年）

1960

1965

1970

1975

1980

1985

ハイマン・ミンスキー『金融不安定性の経済学――歴史・理論・政策』（1986年）

1990

ポール・クルーグマン『脱「国境」の経済学――産業立地と貿易の新理論』（1991年）

ローレンス・サマーズ『全国民への投資（Investing in all the People）』（1992年）

1995

ニコラス・グレゴリー・マンキュー『国家の成長（The Growth of Nations）』（1995年）

2000

第3章
ケインズ経済学

ケインズ経済学は、20世紀の有力な経済学者ジョン・メイナード・ケインズの理論にもとづく学派である。ケインズ派は総需要と生産能力を、生産、雇用、インフレで評価する。

競争

市場経済は分散化され、ときに混沌として見えるが、その作用には一種の論理が存在する。市場に秩序らしき特徴をあたえる要因のひとつは競争だ。

競争とはライバル同士の戦いだ。競争の激しい経済においては、つねに資本家が最高のリターンを求めている。資本が利益率の低い部門から高い部門に移ると、産業内および産業間で利益率を一定にしようとする傾向が生まれる。資本が利益率の低い産業から離れると、市場での供給が減り、価格が上昇し、利益率が上がる。資本が利益率の高い産業に流れこむと、市場での供給が増え、価格が下落し、利益率が下がる。このプロセスをへて産業間の利益率がバランスを保っている。労働市場でも同様のプロセスが見られ、高賃金を望む労働者が、同種の雇用に同等の賃金を支払う風潮を市場にもたらす。こうした競争プロセスは、アダム・スミスが『国富論』ではっきりと記している。

競争には重要な要素がふたつある。各産業の市場構造と企業の競争行為だ。市場構造の観点から見ると、市場における企業の規模と数がその産業内での競争タイプを決める。企業の規模が比較的小さく数が多ければ、企業は「価格受容者」となり、販売競争は熾烈をきわめる。逆に企業の規模が大きく数が非常に少ない場合は、通常、競争はゆるやかで寡占市場となり、企業が価格決定力をもつ。一巨大企業が市場の力をにぎる独占となれば利益も独占できる。ただし、寡占市場や独占市場にも競争は存在する。たとえその産業界への参入を阻止する障壁があったにせよ、金融資本は流動的で、独占市場にも出入りするからだ。さらに、独占企業は首位安定となる独占シェアを狙わなければならない。

利益が対立する売り手対買い手の競争もある。売り手は価格を上げようとし、買い手は下げようとするため、双方が同意するまで競争的交渉が続く。また、市場シェアや利益を競う売り手同士の競争や、ほしい商品を獲得しようと競う買い手同士の競争もある。競争

「負債はある人の債務であり、ある人の資産である」

ポール・クルーグマン

は売り手と買い手に希望とは逆の決定を強いる。売り手は売り値を下げ、買い手は買い値を上げなければならない。この競りあいが競争市場のメカニズムであり、需要と供給のおおまかなバランスを保っているのだ。

政府は以下の２点で市場競争を管理している。まず、独占禁止法により独占を規制し（政府が認可したケースを除く）、競争市場を推進している。寡占企業が故意に価格を上げつづけたり希少価値を生み出したりしないよう厳しく取り締まる法もある。いっぽう、競争の熾烈化を抑えるべく、賄賂の授受、妨害工作、スパイ、詐欺などにも目を光らせている。

ジョン・メイナード・ケインズ
John Maynard Keynes

有効需要の原理

生年
1883年、ケンブリッジ、イギリス

没年
1946年、イーストサセックス、イギリス

ジョン・メイナード・ケインズは20世紀、いや、現代でもっとも重要かつ影響力をもっている経済学者のひとりだろう。ケンブリッジ大学講師ジョン・ネヴィル・ケインズの息子であり、アルフレッド・マーシャルに学んだケインズは、新古典派パラダイムに埋もれて育ったが、マーシャルの構想をきわめて慎重にとらえていた。

最終的にケインズはマーシャルと決別し、大恐慌時に長引いた失業を解明する新たなアプローチを押し出した。一般に、このアプローチが、理論と政策の双方でケインズ革命を起こすとともに現代マクロ経済学を誕生させたと見られている。

ケインズは貨幣製造経済としての資本主義に対して新たな見解を打ち出し、貨幣と実質的要因を区別する従来の二分法を否定した。それまでの見方によれば、貨幣はいわば「ヴェール」で、人口、労働供給、技術、資本や天然資源の実質的ストックがなす実体経済をおおい隠していた。かたやケインズの理論では、貨幣は実質的なものであり、貨幣変数は現実の結果に影響をあたえる。この見解をもとにケインズは貯蓄と投資の関係を独自に分析し、貸付資金モデルを否定して、貯蓄と投資の新たな決定理論を提示した。貸付資金説では、貯蓄は利子率の増加関数であり、投資は減少関数である。貯蓄と投資の一意均衡は、新古典派が「経済は生産要素（土地、労働、資本）の完全雇用を自己調整する」と見なした主要因のひとつだった。いっぽう、ケインズは貯蓄を所得の増加関数と見なした。また、投資については、投資家が未来の経済情勢によせる期待、景気、政治情勢など、さまざまな要因によって決まるものとし、投資決定において利子率ははるかに弱く間接的な役割しかもたないと考えた。

ケインズは国際経済と政策に多大な影響をおよぼし、イギリス政府の役職や、ときには重要なポストにもついた。アメリカ政府はケインズの提案の多くを否定したが、第２次世界大戦後の国際金融システムは、1970年代前半に崩壊するまでケインズ色が染みついていた。

ケインズは投資を経済の駆動力とし、貯蓄を受動的残余と見なした。この因果関係は新古典派の枠組みとは逆である。新古典派は利子率の変化をとおして貯蓄が投資を決めると考えていた。

アバ・ラーナー

機能的財政

Abba Lerner

50年以上におよぶ経済学研究を通じ、ラーナーはミクロ経済学とマクロ経済学、新古典派とケインズ主義の枠組み、理論と政策を追究した。また、市場を信頼し、民主社会主義に献身した。

ラーナーが残した不朽の功績は機能的財政として知られる。ラーナーはレッセ・フェール（自由放任）を「経済のハンドル操作」を拒絶しているとして批判した。そして、経済システムを操縦する政府権力を正当化かつ擁護しようと、周知のとおり、よく車の運転になぞらえて解説した。

ラーナーは政府が財政政策および金融政策を駆使して、完全雇用における総有効需要を維持し、インフレを避け、最適投資額に見あう利子率を保持することを奨励した。「健全財政」の原理（政府予算がバランスを保ち、多額の負債を回避すること）が理論的障害になるとは考えなかった。というのも、政府は経済をしかるべき道に方向づけるだけの十分な通貨を発行できるからだ。よって、ラーナーはあきらかにケインズやクナップと同じ表券主義者だった。著書『国家の創造物としての貨幣（Money as a Creature of the State)』（1947年）には、機能的財政の可能性と有効性を理解するための骨子が記されている。

ラーナーの理論には多くの反論が上がっている。とくに、多額の財政赤字を誘発する危険性があるとして非難された。しかし、機能的財政論では連邦予算と政府負債の管理をたんに経済繁栄の一手段だと見なしている。予算規模はそれ自体が目的ではなく、目的を達成するための手段にすぎない。ラーナーにとって、政府負債は通貨準備管理や短期利率調整の手段であり、課税はインフレに対する総需要管理策だった。

当初、ラーナーは需要インフレに関心をもち、課税をその調整手段だと見ていたが、のちに供給インフレやコストプッシュ・インフレに注目するようになった。そして、スタグフレーション（景気後退とインフレが同時に起こる状態)、多様な所得政策の評価と策定、市場反インフレ計画（MAPs)、賃金・物価統制の研究に専心した。

生年

1903年、ベッサラビア、ロシア

没年

1982年、フロリダ州タラハシー、アメリカ

ラーナーは「逆さ経済」という言葉を生み出し、従来の経済原理が通用しないことを示した。たとえば、貯蓄額の増加は消費減少によって経済を停滞させる。

ジョーン・ロビンソン
不完全競争

Joan Robinson

生年
1903年、サリー、イギリス

没年
1983年、ケンブリッジ、イギリス

ジョーン・ロビンソンは、ジョン・メイナード・ケインズを囲んでケインズの『一般理論』の普及と発展に努めたケンブリッジ学派のひとりである。ケインズの思想を探究したこのグループは、ポスト・ケインズ派として知られるようになった。

ロビンソンは経済学の幅広い分野に多大な功績を残した。おそらく、もっとも折衷的な経済学者のひとりといえるだろう。しかし、ロビンソンは形式的な経済学理論そのものには関心を示さず、むしろ、経済問題の政治的局面や考えうる解決策を着想の源としていた。ロビンソンの作品は政治色が濃く、従来の分析には懐疑的で、独特な政治理論を展開した。そのため、過去の経済理論を批評する学者として名が広まった。

ロビンソンの批判的見解は『不完全競争の経済学』（1933年）に早くもはっきりと表れている。競争の本質にかんして従来の理論が立てていた非現実的な仮定を指摘し、市場構造を分析する基盤を築いた。市場には、無数の小企業が同種多様な製品を生産する完全競争もなければ、一企業が一製品の生産を排他的に支配する完全独占も存在しない。消費者の好む企業や製品を確立する鍵は、製品の差別化である。

ロビンソンは資本測定にかんする大論争をよび起こしたことでも知られ、多様な単位をもつ資本を測定して形式的な経済分析に組みこむことは困難だと論証した。ひいては、1960年代から1970年代にかけてのケンブリッジ資本論争をまきおこし、資本と成長の理論に意義深い貢献を果たした。この活躍は代表作『資本蓄積論』（1956年）の上梓につながった。

ロビンソンは、経済分析は歴史的流れを考慮して行なうべきであり、さもないと経済理論と現状は矛盾すると主張した。また、失業は資本主義社会における当然の特徴であって一時的不均衡ではなく、よって、完全雇用を達成するには政府の介入が不可欠だと述べた。こうした見解はポスト・ケインズ派によるアプローチの礎石を築いた。

ロビンソンは競争を分析した。従来の見解では、一企業が一製品を生産する完全独占市場と、無数の企業が同種製品を生産する完全競争市場が存在するが、現実ではどちらもまず存在しえない。

ジョン・ヒックス
厚生経済学

John Hicks

20世紀でもっとも影響力をもつ経済学者のひとりジョン・(J・R・)ヒックスは、厚生経済学への貢献によりノーベル賞を受賞した。厚生経済学では、市場の効率性およびそれに由来する社会福祉の度合いから結果を分析する。『価値と資本』(1939年)では、商品、生産要素、信用、貨幣の総市場とともに一般均衡モデルを記した。

ヒックスは、ケインズの功績を新古典派マクロ経済学理論と結びつけようと試みた新古典派・ケインズ派総合マクロ経済学の分野で重要な功績を残した。ケインズの『一般理論』を、自身の有名なIS−LMモデルを使って解釈しなおしたのだ。わずかに修正をくわえたこのヒックスのモデルは、世代を超えた経済学者たちをケインズに引きあわせている。ヒックスによる『一般理論』の形式的解釈は、不完全雇用下でどのようにして経済均衡が得られるかを明示することが目的だった。右下がりのIS曲線は財市場の均衡を、右上がりのLM曲線は貨幣市場での均衡を表し、2曲線の交点が両市場での一般均衡となる。

しかし、このIS−LMモデルを扱った教本は非自発的失業を考慮していなかったため、後年、ヒックスは『一般理論』の静学的IS−LM解釈をすてた。財市場と貨幣市場では調整速度が異なるため、モデルに内在する矛盾に気づいたのだ。これを機に、ヒックスは以前の立場から自分を切り離そうとして、論文に添えるサインをわざわざ「John」から「J. R.」に変えている。

経済分析における時間の重要性を織りこむなかで、ヒックスは、ある成長経路から次の成長経路へと移る経済推移、経済の構造的変遷、継続的再生産に必要な条件など、不均衡の問題に強い関心をいだくようになった。そしてこれを『資本と成長』(1965年)のなかで「トラバース(移行過程)」分析とよび、異時的均衡の概念や一連の均衡からなる変遷プロセスについて追究した。

生年
1904年、ウォリック、イギリス

没年
1989年、グロスターシャー、イギリス

ヒックスはケインズの見解を解釈しなおし、有名なIS-LMモデルをあみだした。これは投資と貯蓄の関係や貨幣の流動性を表し、『一般理論』を研究する者にとって貴重なツールとなっている。

金融危機の経済学

ハイマン・フィリップ・ミンスキー

Hyman Philip Minsky

生年
1919年、イリノイ州シカゴ、アメリカ

没年
1996年、ニューヨーク州ラインベック、アメリカ

アメリカの経済学者ハイマン・ミンスキーはセントルイスにあるワシントン大学の教授だった。ハーヴァードで経済学の研究にたずさわる以前は社会党で活動していた。代表作４作はじめ、著作は多い。ジョン・メイナード・ケインズの評伝も出版しており、急進的ケインズ派と見なされている。

しかし、ミンスキーはほとんどの経済学者によるケインズ経済学の解釈に賛同しなかった。とくに効率的市場仮説をはねつけ、1960年代に金融不安定性仮説を打ち立てると、これが代表的理論となった。ミンスキーは、経済とは安定した状態からもろい状態へとゆっくり移行していくものだと考えた。安定期が投機的貸付をあおると、投資家は大きなリスクをおかし、返済不能な段階までいってしまう。投資家は自身の資産を売却せざるをえなくなり、市場は下降線をたどりはじめ、しまいには不合理な活況を迎えてバブルがはじける。ミンスキーは市場を成功させるためには政府の介入や制度的構造が不可欠だと結論づけた。

ミンスキーの信用循環モデルにはおもな５つの段階がある。変移、好景気、熱狂、利益獲得、パニックだ。金融が景気に火をつけ、崩壊を加速する。ミンスキーは本来そなわっている景気の自動安定化装置が反景気循環的に作用することを認めた。つまり、好景気の際には政府支出が減って税金が上がり、崩壊時には政府支出が増えて税金が下がる。景気がよくなれば中央銀行が融資を強要し、最後の貸し手さながらにふるまう。1980年代、こうしたミンスキーの理論は見向きもされず、ほとんどの経済学者が金融市場の規制緩和を支持していた。

また、ミンスキーは民間の負債蓄積を経済不安定化の主要因であるとして反対した。しかし、当時は一匹狼のレッテルを貼られ、2007年に金融危機が訪れてようやくその名が知られるようになった。すでに没後10年がたっていた。

驚くにはあたらないが、金融不安定性仮説は2007年のサブプライム住宅ローン危機で注目を浴び、この危機は「ミンスキー・モーメント」とよばれた。ミンスキー・モーメントとは景気循環における一時点で、投資家が過去の危険な投機によって増えゆく借金を埋めなければならなくなり、キャッシュフローの問題を抱えはじめるポイントである。こうなると大量の株売却により株価は急落し、資産価値（この場合は住宅価格）が崩壊する。負債者が支出を抑える必要に迫られるなか、所得は減り、雇用率は低下し、景気後退を迎えるのだ。

ミンスキーは、市場は不安定であり、政府による規制が必要だと考えた。金融市場とバブルにかんするミンスキーの研究は2007年の住宅ローン危機に先んじて行なわれていた。この金融不安定性仮説は発表から50年たったいま、脚光を浴びている。

ドン・パティンキン
新古典派総合

Don Patinkin

生年
1922年、イリノイ州シカゴ、アメリカ

没年
1995年、エルサレム、イスラエル

アメリカ系イスラエル人経済学者であり、1976年、イスラエル経済学会会長に就任したドン・パティンキンは、戦後の金融理論への貢献で知られている。なかでも有名なのは「新古典派・ケインズ派総合」――いわゆる新古典派総合である。

新古典派総合はケインズの『一般理論』に対する経済学者の反応のなかで、おそらくもっとも独創的だ。新古典派総合が明示したのは、ケインズ派が発展させたマクロ経済学のなかには新古典派の幅広い枠組みに抱合できる理論もあり、新古典派の「賃金、価格、利子率に伸縮性があるなら、最終的に完全雇用につながる」とする主張と矛盾しないという見解だった。ケインズ派が説く非自発的失業と総需要不足は、要素価格に硬直性がある場合にかぎり、短期的にのみみられるとしている。

パティンキンは思索的研究によってケインズ派と新古典派の理論が両立しうることを明らかにしたが、政策にかんしては市場の自己調整を待つことに反対し、ケインズ派の財政政策と金融政策を支持した。

パティンキンの主張の核心は実質残高効果（ピグー効果）として知られるようになった。これは現金残高がもつ実質的価値の変化が生産や雇用を刺激するという理論だ。実質残高効果には、直接的実質残高効果と間接的実質残高効果というふたつの側面がある。どちらも、雇用減少のなか、企業が過剰在庫を売りさばくために大幅な値下げをするという前提からはじまる。その結果起こるデフレが貨幣の実質的価値を高めるのだ。

直接的実質残高効果について、パティンキンは、現金の価値が高まると消費者も投資家も所有財産の価値増加によって豊かになったと感じるため、直接、消費と投資を刺激すると論じた。

また、間接的実質残高効果では現金残高の実質的価値の増加に注目した。これは利子率の低下による支出を通じて間接的に消費と投資を刺激する。パティンキンは自身の見解を著書『貨幣・利子および価格――貨幣理論と価値理論の統合』（1956年）に記した。こうしてケインズの功績と標準的アプローチを融合させようと探究した結果、ケインズの洞察を数多くとりこんだ新古典派総合が誕生したのである。

パティンキンは実質残高効果を正確に定義した。実質残高効果とは、とりわけデフレの場合、財の実質残高増加によって消費が増え、生産と雇用を刺激する現象をさす。

ポール・クルーグマン
経済地理学

Paul Krugman

ポール・クルーグマンはニューヨーク・タイムズ紙に定期的にコラムを寄稿して名を広めた。経済学への貢献は国際貿易の分野が顕著である。

ヘクシャー・オリーン・サミュエルソン・モデルとして知られる従来の貿易理論は、多くの限定的な仮説を立てている。たとえば、市場は完全競争である、貿易国はみな同一の選好と技術を有している、経済は完全雇用で機能している、生産は規模にかんして収穫一定である、などだ。規模にかんして収穫一定とは、もし企業が全投入量を均等な割合で増加したら、産出も同じ割合で増加することを意味する。

クルーグマンは、もし経済が規模にかんして収穫逓増（全投入量を均等な割合で増加したら、産出がその割合を超えて増加する）という特徴をもっている場合、分析結果はどう変わるのか調査を開始した。収穫逓増が顕著な産業は、企業の数が減り、規模が大きくなるため、完全競争より不完全競争のモデルとして扱うほうが望ましい。

クルーグマンは「新経済地理学」の一部である地理の重要性を強調してきた。関心をよせたのは、経済活動がどこで、なぜ起こり、どんな意味をもっているのかである。なぜ、赤道に近い国は貧しいのか？　なぜ、人口と産業が特定の地域に密集し、その他の地域は繁栄しないのか？　クルーグマンはこうした疑問に対し、ふたつのアプローチをとりいれている。不均等に発展したのは地理的条件が潜在しているとする説と、偶然の結果だとする説だ。この２説をあいいれないとする者もいたが、クルーグマンは補完しあうものだと考えた。

クルーグマンによる貿易理論の研究は、従来の比較優位説に代わって地域特化や貿易を解説するなど、重要な含意が多い。このように、クルーグマンの思想――貿易理論、経済地理学、収穫逓増、不完全競争――が提起したいくつもの流れは、ひとつにまとまって経済学の主流にインパクトをあたえている。

生年
1953年、ニューヨーク州アルバニー、アメリカ

クルーグマンは経済理論で用いられてきた従来の仮説は見当はずれが多いと指摘し、経済の動向と集中化における経済地理学の重要性を追究した。

ローレンス・サマーズ
塩水学派

Lawrence Summers

ハーヴァード大学経済学教授兼学長だったローレンス・サマーズは、世界銀行チーフエコノミスト（1991-1993年）、クリントン政権下の財務長官（1999-2001年）、オバマ大統領の経済顧問（2009-2011年）をつとめた。塩水学派（62ページ参照）に属し、「失業についての理解（Understanding Unemployment）」（1990年）をはじめ100以上の論文を発表している。

塩水学派は1970年代前期に行なわれたマクロ経済学研究のコンセンサスを擁護し、ケインズ派の見解を固持している。サマーズの研究対象は、公共財政学、労働経済学、マクロ経済学だ。持論のひとつとして、法人税の引き下げは経済成長をうながし、生活保護支給金の削減は失業率の低下につながると主張している。

塩水学派の経済理論によると、景気循環は市場の失敗をともなうので、政府は経済を安定させるために財政政策や金融政策を実施しなければならない。このアプローチは「サマーズ理論」が端的に表している――資源配分のもっとも効率的な方法として市場を信用し、市場が破綻しそうなときは政府が実質的介入をはかる。

事実、2007年の金融危機ではサマーズの提案が対応策として採用された。連邦準備銀行による救済措置、不良資産救済プログラム（TARP）、一連の量的緩和、利子率の引き下げ、数十億ドルをついやした需要喚起。サマーズはこうした処置を敢行しなければ、アメリカの金融システムと経済は崩壊していただろうと述べている。

ところが、サマーズの批判家たちは、金融危機をひき起こした原因はクリントン政権下のサマーズの行動だと主張している。やりだまにあげているのは、商業銀行と投資銀行を区分していたグラス・スティーガル法の廃止を支持したこと、および、デリバティブ（金融派生商品）を規制しようとした商品先物取引委員会委員長ブルックスリー・ボーンの試みに異を唱えたことだ。サマーズは、金融市場は放っておくのが最善策だと信じ、規制推進者を軽侮したが、金融危機を経験した結果、金融市場にはふたたび規制が敷かれるようになった。

ハーヴァード大学に戻ったサマーズは、2012年に記した文書のなかで、現在のアメリカ経済は独特な位置にいるため、さらなる景気刺激策を講じれば自己充足につながるだろうと述べている。投資と需要が停滞しつづけ、利子率がゼロなら、乗数効果は通常より大きくなる。このシナリオによると、多額の財政赤字を抱えている際の景気刺激策には効果があるのだ。

生年
1954年、コネティカット州ニューヘヴン、アメリカ

サマーズは自由市場の卓越性を確信し、金融市場でさえ規制をかけるべきではないと断言した。しかし、実際に危機を迎えると、経済を安定させるため、政府が財政政策と金融政策を通じて精力的かつ迅速に行動すべきだと主張した。

ニコラス・グレゴリー・マンキュー

Nicholas Gregory Mankiw

新ケインズ派

生年
1958年、ニュージャージー州トレントン、アメリカ

ニコラス・「グレッグ」・マンキューはハーヴァード大学経済学部教授および学部長で、新ケインズ経済学の研究で名をはせた。世界でもっとも引用される経済学者では32位、もっとも影響をあたえる経済学者では25位、経済学者ブロガーとしてはトップにランクされている。著書にはベストセラーとなった教本『経済学原理』がある。

マクロ経済学理論を追究する新ケインズ派は、新古典派のケインズ革命批判に対抗する形で1980年代に誕生した。新ケインズ派はジョン・メイナード・ケインズが1936年に著した『雇用、利子および貨幣の一般理論』にもとづいているが、景気後退時における政府介入の効果には確信をもっていない。

新ケインズ派と新古典派のおもな相違は賃金と価格の順応速度で、新ケインズ派はどちらも「硬直性」があると主張している。これによって、なぜ非自発的失業が存在するのか、また、なぜ金融政策が経済活動に多大な影響をあたえるのかが理解できる。

新ケインズ派にとって、景気後退は通常の効率的市場からの逸脱であり、市場の失敗から生じる。つまり、理論的には政府介入に正当性があたえられるが、新ケインズ派はとるべき財政政策や金融政策についてたびたび異論を唱えている。要するに、経済的判断だけでなく政治的判断もともなっているのだ。

2007年の金融危機では、新ケインズ派の説く財政政策および金融刺激策がヨーロッパ、中国、アメリカ、アジアなど世界各国で採用された。2008年、マンキューは、直面している経済問題を理解するためには、ケインズ理論に立ち戻らなければならないと述べた。景気後退や不況に対するケインズの分析こそ、現状を理解するのに役立つのだ。ケインズを崇拝したマンキューは飼い犬を「ケインズ」と名づけた。

しかし、マンキューはアメリカ政府が提案した一連の財政刺激策を支持しなかった。現在、マンキューはミット・ロムニー（2012年、アメリカ大統領選共和党候補）の顧問をつとめ、規模の大きな政府や高い税金は悪策だとして反対し、「小さな政府」を提唱している。マンキューいわく、政府支出の増加は短期的な解決策にはなるが、結局は負債が蓄積し、未来の世代に受け入れがたい負の遺産を置いていくことになる。

マンキューはケインズの献身的信奉者だが、景気後退時の財政刺激策には賛同せず、経済を規制するには財政政策より金融政策のほうが力強い手段になると見ている。

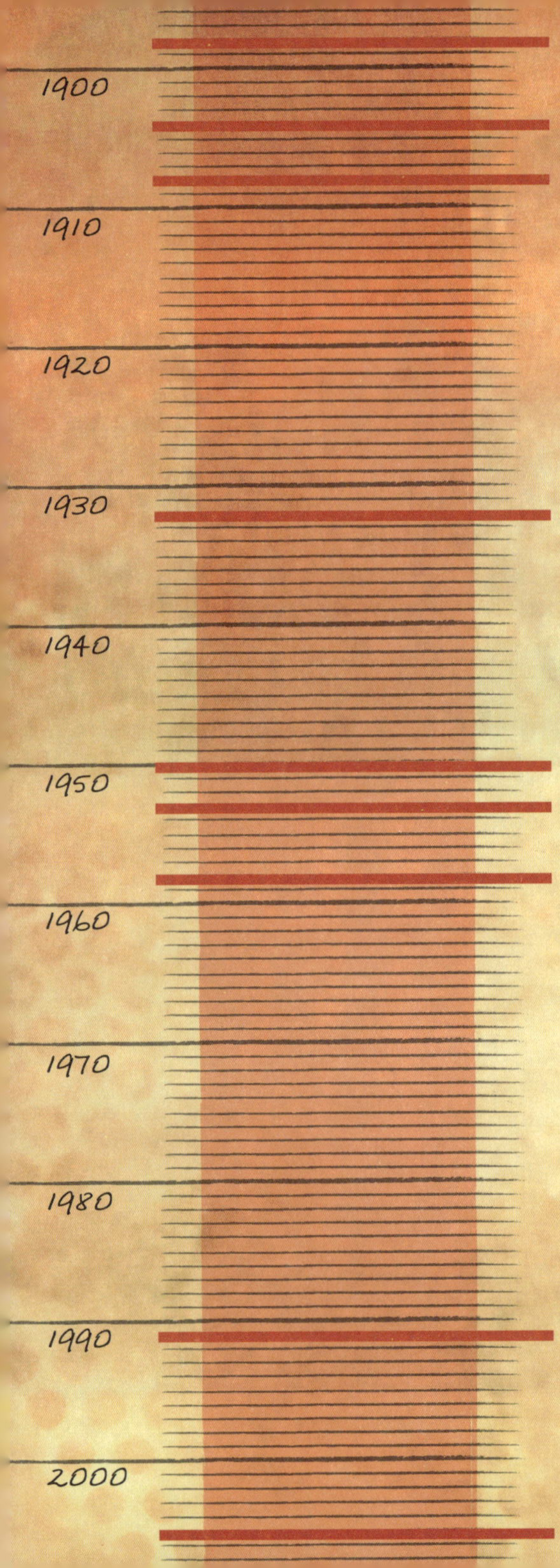

シャーロット・パーキンス・ギルマン『女性と経済（Women and Economics）』（1898年）
ソースタイン・ヴェブレン『職人技能の本能と労働のわずらわしさ（The Instinct of Workmanship and the Irksomeness of Labor）』（1898年）
グスタフ・フォン・シュモラー『一般経済学概要（Outline of General Economics）』（1904年）
ピョートル・クロポトキン『近代科学とアナーキズム』（1908年）

グンナー・ミュルダール『貨幣経済学（Monetary Economics）』（1932年）

カール・ウィリアム・カップ『私的企業と社会的費用——現代資本主義における公害の問題』（1950年）
ロバート・L・ハイルブローナー『世俗の思想家たち』（1953年）
ジョン・ケネス・ガルブレイス『ゆたかな社会』（1958年）

ダグラス・セシル・ノース『制度（Institutions）』（1991年）

エリノア・オストロム『制度的多様性の理解（Understanding Institutional Diversity）』（2005年）

第4章

歴史学派経済学と制度学派経済学

経済、社会、制度の相互依存は、歴史学派および制度学派の理論の鍵である。これら学派は、経済行動を理解するには、男女の性差から、産業、幸福、技術にいたるまで、歴史的な流れと経験を把握することが重要だと主張している。こうした市場内外の社会経済力の分析は、経済学を実生活と切り離して考察することはできないという概念を裏づけた。

経済危機

2008年、リーマン・ブラザーズが倒産した直後、エリザベス女王がロンドン・スクール・オブ・エコノミクスを訪れ、なぜ経済学者が金融危機を予期できなかったのかとたずねた。以来、世界中の経済学者たちが、おもに以下３タイプの防衛態勢をとっている。

第１グループは、「2008年までの長い好景気は砂上の楼閣だと以前から訴えていたはずだ」と断言している。アメリカの経済学者ロバート・シラーを筆頭に、不動産市場が過熱しすぎていると懸念する者もいた。また、東アジアとドイツが貿易黒字を出しつづけ、アメリカ、イギリス、南ヨーロッパへの輸出超過に拍車をかけていたため、国際通貨基金（IMF）などが極端な世界的不均衡を指摘していた。なかでも注目すべきは、元IMFチーフエコノミストでシカゴ大学教授のラグラム・ラジャやニューヨーク大学スターン経営大学院のヌリエル・ルービニが大規模な破綻の可能性を予期していたことだ（ラジャは早くも2006年から訴えていた）。ところが、こうした意見は市場では割り引いて考えられ、ルービニは「凶運博士」として解雇された。結局、彼らが必死に警告したにもかかわらず、だれも耳をかさなかったのである。

第２グループは、女王の質問自体が愚かだとして自分たちの立場を正当化するため優美で完璧な理論を展開している。要となるのは効率的市場仮説で、経済主体はみな合理的であり、いついかなるときも市場で入手可能な情報を獲得している。つまり、予測不能な出来事が経済を動かすのであり、驚くべき事態はだれにも予測できないし、予測できるならそれは驚きではない。さらに、財政政策や金融政策によって景気循環を調整しようとすること自体、意味がない。投資家は合理的で先見の明があるため、政策に影響されぬよう行動するからだ。こうした見解は、とりわけシカゴ大学教授のジョン・コクランやユージン・ファーマが流麗に語っている。

「現実であれ予測であれ、危機のみが真の変化を生み出す」

ミルトン・フリードマン

第3グループは第2グループを厳しく非難し、それではケインズやミンスキーがバブル期やその後の経緯を追究して得た英知をいかせないと主張している。第2グループは誘惑的な美論にとどまらず、数学的モデルを用いて持論を市場に押しつけている――「市場は自己修正できるので独立すれば最高に機能する。なにより政策は過ちを犯しやすく、市場参入者の過ちとは異なる。おまけに政府の失敗は市場の失敗より質《たち》が悪い」。この理論のせいで浅はかな規制緩和が生まれた。小売銀行と投資銀行の合併を認めたのがいい例で、結局、これがバブルの中核となった。資産市場の集団行動や長引く失業問題は、市場は迅速に自己調整するという仮説をゆるがせている。第3グループを率いるクルーグマンは、こうした事例こそ、世に広まっている理論の誤りを立証していると明言した。

いまも経済学者のあいだで激しい論争が続いている。いったいどうやって問題を解決するのか？　ポール・サミュエルソンいわく、経済は葬儀のたびに前進する。つまり、長生きした提唱者が勝つのだ。現在の論争の代表格、コクランもクルーグマンも老いるにはまだ早い。この戦いはまだまだ続くだろう。

グスタフ・フォン・シュモラー

Gustav von Schmoller

ドイツ歴史学派

グスタフ・フォン・シュモラーはドイツ経済学会を創設し、経済と財政改革に多大な影響をあたえた。経済分析の一学派を復活させ、その学派はドイツ歴史学派として知られるようになった。シュモラーが強く主張したのは、入り組んだ社会経済現象の分析における歴史的背景と制度の重要性である。

20世紀に入るころ、経済理論は一般に演繹的分析法に頼っていた。「経済の法則」は、人間が経済的利益を求めてどう行動するかを仮定したうえで推測していた。たとえば、利益を生む自己統制経済は、単純に自己利益を求めて行動する「経済人」を想定して生まれた。こうした分析では歴史的背景や制度は重視されない。経済活動の「法則」は普遍かつ明白で、歴史的状況がどうあれ適用できると考えられていたからだ。

ドイツ歴史学派は従来のアプローチの誤信に気づき、新案をあみだした——シュモラーが『一般経済学概要（Outline of General Economics)』（1904年）に記した歴史分析法だ。

シュモラーは経済理論には制度分析を組みこむべきだと確信した。制度は経済行動をふくめ、人間の行動を形成するからだ。経済活動は、社会的慣習、伝統、制度に大きく導かれるため、人間の本質にかんするこり固まった仮説だけでは理解できない。

シュモラーの主張によれば、複雑な社会経済現象を研究する唯一の方法は、歴史的発展をふりかえり、因果効果を調査することである。経済学は実生活のさまざまな側面から切り離して追究することは不可能だ。経済、社会、政治、文化的要素をとりこんで歴史を仔細に調査し、相関を明らかにしてはじめて、現在の経済状態を完全に把握できるのである。

シュモラーは利益を生む自己統制経済という概念をすてた。むしろ社会階級闘争に注目し、国家介入や社会改革による解決が必要だと信じた。ドイツ歴史学派の手法は、経済学のみならず、とりわけ社会科学に貢献しつづけた。

生年
1838年、ハイルブロン、ドイツ

没年
1917年、バートハーツブルク、ドイツ

シュモラーは、静学的、普遍的、抽象的理論を研究するよりも、歴史を調査することこそ人間の行動や経済事情を把握する鍵になると考えた。

ピョートル・クロポトキン
経済学とアナーキズム

Peter Kropotkin

生年
1842年、モスクワ、ロシア

没年
1921年、ドミトロフ、ロシア

ロシアの政治哲学者であるピョートル・クロポトキンは、アナーキズム（無政府主義）を、資本主義と国家に対する階級闘争の産物だと見なした。無政府共産主義について首尾一貫した理論を打ち立て、アナーキズム理論の進化に貢献した『近代科学とアナーキズム』（1908年）をはじめ、多くの著書を残している。

クロポトキンの唱える無政府共産主義は国家と資本主義への反論をふくんでいた。クロポトキンはアナーキズムを日々の階級闘争、とりわけ資本家の搾取に対する労働者の紛争や国家による制圧と支配の結果だととらえた。資本主義は少数の権力者を豊かにしようと中央集権化を求める。クロポトキンが理想の社会組織としたのは、自由な自己管理共同体がなす連合社会の、分散化された協力体制だった。

無政府共産主義社会では、法の遵守や権威当局への服従によってではなく、さまざまなグループが同意した結論によって調和と秩序が達成される。こうした社会はつねに調整をくりかえし、その過程に政府が介入しなくても問題はない。

代表作『相互扶助論』（1902年）でクロポトキンは、協力や相互扶助は自然界においても社会においても規範であると主張した。人類が進化に成功してきた主要因は協力と分かちあいであり、市場や国家のような制度は必要なかった。こうした観点からクロポトキンは社会組織理論を展開し、『田園・工場・仕事場』（1912年）におさめた。この作品は共通の習慣や自由契約を通じて互いにつながっている生産者共同体を土台としている。クロポトキンは肉体労働と知的労働の区別に反対し、社会の全メンバーが双方の労働にたずさわる機会が必要だと述べた。

『近代科学とアナーキズム』（1908年）では、科学的根拠にもとづいてアナーキズムを論じようと試みた。クロポトキンは科学的調査法に精通し、アナーキズムの科学的理論を構築するためには日常社会の分析に帰納・演繹法を採用することが重要だと強調した。

クロポトキンは地域社会で各個人がさまざまな仕事を交互に担当すべきだと主張した。そうすれば、分業が労働者におよぼす悪影響を避けつつ、専門化による生産性の向上を享受できる。

制度学派

ソースタイン・ヴェブレン

Thorstein Veblen

生年
1857年、ウィスコンシン州カトー、アメリカ

没年
1929年、カリフォルニア州メンローパーク、アメリカ

経済学史上、風変わりな人物ソースタイン・ヴェブレンの研究には、彼が第２次産業革命（1871–1914年頃）の時代に生き、著作を残したという事実が映し出されている。当時の特徴は、急速な技術進歩、大量生産の発達、企業における経営と所有の分離だった。

ヴェブレンにとって、つねに変化している社会経済の秩序を静学的理論で説明できないことは明らかだった。そして、経済学の主題は制度の進化が示す特徴の研究でなければならないと説いた。これに対し、従来の経済理論は不変の経済法則を公式化しようと案じていた。

社会経済の変化とはなにか、また、どのように、なぜ起こるのかを明らかにするため、ヴェブレンはおもな要因ふたつを概説した。技術と制度である。技術進歩は変化の起動力であり、かたや、現行の社会制度は現状を変えまいとするいわば保護装置だ。技術と制度は互いに反発しあい、社会経済および文化的変化の本質を決定する。ヴェブレンの理論的アプローチは経済分析の新たな枠組みの土台となり、制度学派と名づけられた。

ヴェブレンは社会の辛辣な批判家でもあった。なかでも有名なのは衒示《げんじ》的［誇示的の意］消費論で、『有閑階級の理論――制度の進化に関する経済学的研究』（1899年）のなかで、金銭上の対抗意識は消費者行動において決定的役割を果たすと記している。

ヴェブレンは「金銭的本能」という言葉を作り、人間の富に対する欲望がいかに強いかを示した。しかし、人間の行動の裏にひそんでいる衝動は金銭的本能だけではない。有名な著書『職人技能の本能と労働のわずらわしさ（The Instinct of Workmanship and the Irksomeness of Labor）』（1898年）では、人間にはいわゆる「製作者本能」がそなわっていると論じた。人間を労働に引き寄せる誘因は、金銭的報酬だけではないという見解である。

ヴェブレンは『企業の理論』（1904年）で企業と産業の二元論を展開し、名を広めた。ヴェブレンの分析によると、企業は営利の追求がすべてであり、産業は職人技能、および、生産や革新による社会的奉仕を目的とする。

制度学派は**ヴェブレン**の思想を起点に誕生した。特徴は、現実にもとづいていないしごく抽象的な理論をいぶかり、つねに歴史的および経験的関連性を重視する点だ。

性の経済学

シャーロット・パーキンス・ギルマン
Charlotte Perkins Gilman

シャーロット・パーキンス・ギルマンは独学の経済社会学者、著述家である。ギルマンは、女性の労働人口が増えれば、女性が解放されるだけでなく経済にとっても望ましいと主張した。そして、元来、給与を受けない家事や育児などの活動はいずれ市場を基盤としたサービスに進化すると予測した。経済学の代表作は『女性と経済(Women and Economics)』(1898年)である。

フェミニスト経済学の母として広く知られるギルマンは、男女の不平等は生物学的要因ではなく制度構造がまねいた結果だと考えた。制度改革は経済における男女の関係を変え、多くの女性を進歩させ、社会全体に利益をあたえることが可能だ。ギルマンの主張は、専門化は効率性と生産性を向上させるという経済原理にもとづいていた。男性に依存せざるをえない制度から脱した女性は労働市場で活躍し、家事は効率的に社会化される。

新古典派とマルクス主義のアプローチは、どちらも男性中心の骨組みをおおい隠し、「性の見落とし」があるとして批判されてきた。給与の出ない家事を軽んじ、給与の出る市場労働に特権をあたえるのは、性差別経済の典型である。性別による職業の分離や賃金の相違は、理論的、経験的調査のテーマとなった。新古典派は、人種による経済的不平等に端を発する差別理論を性差別にも適用した。ほかの学派は哲学的、学際的な方向に進み、広範な女性学やフェミニストの研究へとつながった。

性は開発経済学でも主要研究分野となった。人間開発指数(HDI)[122-123ページ参照]のひとつに、男女の格差を測定するジェンダー開発指数(GDI)が設けられ、性と開発という研究分野が誕生した。父権社会や経済的性差にかんする研究が全盛期を迎えたのは1960年代で、フェミニスト経済学者が台頭してきたのは1980年代だが、こうした動きの源にはつねにギルマンの存在があると考えられている。

生年
1860年、コネティカット州ハートフォード、アメリカ

没年
1935年、カリフォルニア州パサデナ、アメリカ

ギルマンは平等な結婚を提唱し、男女ともに利をあたえる効率性の向上を訴え、家事労働の市場化を主張した。

グンナー・ミュルダール
社会を理解するうえでの経済学の役割

Gunnar Myrdal

生年
1898年、グスタフス、スウェーデン

没年
1987年、ダンデリド、スウェーデン

グンナー・ミュルダールはスウェーデンの経済学者で、1927年、ストックホルム大学で博士号を取得した。ヨーロッパとアメリカで大学教授、研究者、国会議員、大臣として活躍した。ミュルダールの研究は、国際関係、開発経済学、社会問題、応用経済学におよんでいる。

研究初期、ミュルダールはマクロ経済学に理論的、数学的アプローチをとりいれ、ロンドンの計量経済学会創設に貢献した。当時の理論的アプローチは1939年の『貨幣的均衡論』出版につながっている。ただ、ミュルダールはのちにこの統計的手法を批判するようになり、経済成長にとりつかれ富の分配問題を無視していると指摘した。その後、研究と論文の焦点は社会問題と応用経済学にしぼられた。

ミュルダールはスウェーデン議会の政治家でもあり、スウェーデン福祉国家創設者として知られている。1934年には妻アルヴァ・ライマルとともに『人口問題の危機（Crisis in the Population Question)』を出版し、スウェーデンの少子化問題を論じた。夫妻が提示した解決案、家族計画、性教育、公営住宅、育児法はふたりの名を世に広め、「ミュルダールする」という言葉がセックスをするという意味の俗語になった。

ミュルダールは1944年の著書『アメリカのジレンマ——黒人問題と近代民主主義（An American Dilemma : The Negro Problem and Modern Democracy)』で名をはせた。このなかでミュルダールは、貧困が貧困を生むという累積的因果関係論を説き、以下ふたつの経済政策がアフリカ系アメリカ人の職を奪っていると述べた。まず、最低賃金を決めたため、雇用者が未熟練労働者（ほとんどがアフリカ系アメリカ人）を雇わなくなった。また、綿花生産を制限したため、無数の黒人小作人が失業に追いやられた。ミュルダールはアメリカの学校が導入した「分離かつ平等」政策を批判し、1954年のアメリカ最高裁の裁決に影響をあたえ、公立学校における人種隔離政策の撤廃を導いた。

もう1冊、ミュルダールの有名な作品に南アジアの経済開発問題を追究した『アジアのドラマ——諸国民の貧困の一研究』（1968年）がある。アジアの貧困を10年にわたって研究し、貧困撲滅には農地改革と社会的平等の達成が不可欠だと結論づけた。

ミュルダールは「貨幣理論と景気変動の研究を開拓し、経済、社会、制度現象の相関を鋭く分析した功績」をたたえられ、1974年、ノーベル賞を受賞した（ハイエクと共同受賞）。

ミュルダールは、主流経済理論は価値判断をはじめ、経済学者によって歪められていると考え、科学的手法を提唱した。そのアプローチには政治学や社会学など広範にわたる分野の洞察が組みこまれている。

ジョン・ケネス・ガルブレイス
John Kenneth Galbraith

経済学の力

生年
1908年、オンタリオ州アイオナ・ステーション、カナダ

没年
2006年、マサチューセッツ州ケンブリッジ、アメリカ

カナダの経済学者J・K・ガルブレイスは「従来の見識」に異論を唱えた。市場の恩恵に疑問をいだき、政府による経済規制を堂々と推奨した。ほかの経済学者たちがますます形式にこだわり、数学的モデルを求めるなか、断固として古典派の伝統的経済学を支持した。

ガルブレイスがはじめて重要な政策的見解を示したのは、第２次世界大戦中、価格管理局に勤務していたときだった。のちにガルブレイスはジョン・F・ケネディ大統領の顧問となり、1961年には駐インド大使に任命されている。多作な作家で、代表作には『大暴落1929』（1955年）、『ゆたかな社会』（1958年）、『新しい産業国家』（1967年）、『経済学と公共目的』（1973年）がある。

ガルブレイスは、マクロ経済学のケインズ革命とミクロ経済学の独占的競争革命が起こっているさなかにハーヴァード大学で研究をはじめた。ポスト・ケインズ主義を雄弁に唱えながら完全雇用の促進をめざすいっぽう、従来の経済理論は巨大企業がはびこる資本主義経済における現代の発展を説明できていないとして批判した。小企業の競争システムは、市場支配力を牛耳る巨大企業と以前に増して衝突していた。従来の見解に反し、巨大企業は価格をコントロールするのみならず、広告を通じて消費者をコントロールしていたのだ。これを避けるためには「拮抗力」（これもガルブレイスの表現だ）が欠かせなかった。消費者団体、労働組合、政府が介入すれば、規制緩和された寡占市場から生じる危機を回避できるのだ。

新古典派経済学が取り組まなかった権力闘争の問題がガルブレイスの生涯にわたるテーマとなった。ガルブレイスは現代の資本主義を理解するには権力と権力関係が鍵になると主張しつづけた。さらに、現代の企業は先例のない富と権力を有しており、不平等な分配に責任があると指摘した。

ガルブレイスは広告の一般的な情報伝達機能を否定し、広告は消費者を操作していると訴えた。そして、新古典派の唱える消費者主権の概念を否定し、生産者主権だと訴えた。

社会的費用

カール・ウィリアム・カップ

Karl William Kapp

ヨーロッパ制度学派のカール・ウィリアム・カップは、奔放な企業活動による社会生態系の崩壊と退廃の経済学的分析に生涯を捧げた。カップは、企業は所有の形態にかかわらず費用最小化を追求する本質を有しているため、社会生態系に悪影響をおよぼすと主張した。

現在と未来の世代に費用を負担させる原因は、生産・廃棄物処理・森林伐採・農作業による土壌劣化がもたらす環境汚染、生態系のバランス崩壊、天然資源の枯渇、職業病、放射線被曝、資本集約的な省力化生産活動による失業など、環境や人間の健康と福祉に悪影響をおよぼすあらゆる有害作用である。

カップはこれらの費用を社会的費用と名づけた。どれも責任者が支払わず、第三者や社会に全責任を転嫁するからだ。環境破壊や環境汚染の場合、社会的費用は当事者の支払い義務不履行から生じるだけでなく、初期環境破壊者の負担、破壊規模、被害者数、被害程度を特定するという副次的問題からも生じる。

汚染の影響は最初の汚染行為から何年もたったあとで出現するケースもあるため、問題はさらに困難になる。汚染の経過が累積的だという事実も事態を複雑化している。当初の悪影響は長年のあいだにほかの汚染要因と相関して雪だるま式にふくらむからだ。

社会的費用を現行の経済分析と統合する際の問題点は、市場価値の決定にもある。社会的費用の本質は、費用計算の適用に疑問を投げかける。人間の健康や生命、自然などの市場価値をいったいどうやって決定したらいいのだろうか？

社会的費用の出所や範囲を特定できないとしたら、また、適切な額を計算できないとしたら、すべてを統括した市場政策を組み立てることは不可能だ。となれば、企業は生産費用を社会や未来の世代に転嫁する。結局、企業の生産費用は減少し、収益が増加して国民所得に占める割合がますます増えるのである。

生年
1910年、ケーニヒスベルク、ドイツ

没年
1976年、ドゥブロヴニク、クロアチア

カップは、社会的費用の問題を解決する唯一の方法は、社会的費用が発生するまえに、技術、生産、投資において別の決定プロセスを採用することだと主張した。この方法は費用と便益の社会的評価にもとづいて行なわれる。

ロバート・L・ハイルブローナー

Robert L. Heilbroner

世俗の思想

生年
1919年、ニューヨーク州ニューヨーク、アメリカ

没年
2005年、ニューヨーク州ニューヨーク、アメリカ

ロバート・ルイス・ハイルブローナーは博識な経済学者だった。有名な代表作『世俗の思想家たち』（1953年）では偉大な経済学者たちを生き生きと描き出した。同書は「現在に内在する未来」を導く「運動法則」や組織的傾向など、資本主義経済システムの無情な動向を文学的に描写している。

ハイルブローナーはヨゼフ・シュンペーターの「ヴィジョン」と「分析」の概念を自分流にとりいれた。シュンペーターにとって、分析には一種の洗浄効果があり、「分析前の認識行為」にともなうイデオロギーの本質が科学的試みによって穢《けが》されるのを防いだ。かたやハイルブローナーにとって、経済理論は誤った価値観を背負わされていた。つねに偏見が存在し、ときに表面下にひそんでいるが、分析内容と予測の方向性を決める仮説としてたびたび姿を現すのだ。

ハイルブローナーが自身の「解釈学《ヘルメノイティク》」的アプローチをはっきり認識したのは比較的後年だったが、調査にはかならず解釈学的側面があるとつねに主張していた。つまり、ハイルブローナーにとって、具体的な研究対象をあらかじめ明確にすることはできなかった。「経済」は社会全体からの抽出物であり、ゆえに、経済学の主題を決めれば分析の本質と方向性に影響をあたえてしまう。長年、ハイルブローナーは政治経済学者が取り組むべき最優先課題として「物質供給」――市民のニーズや要求を満たすための物質資源の活用――を唱道していた。このようにハイルブローナーは普遍的な「経済法則」のあらゆる概念に反論し、人間史における資本主義の歴史的特異性を強調した。

晩年、ハイルブローナーは、資本主義システムを築いた経済行動は信頼できなくなったため、政治的介入がきわめて重要になっていると主張した。そして、『現代経済学――ビジョンの危機』（1996年）において「政策手段」を提議し、「現在に内在する未来を予測するシナリオ」のかわりに「現状から理想の目的地に向かうルートの青写真」を描いた。

ハイルブローナーは、資本主義システムの軌跡は、経済が内在する幅広い社会政治的背景、および、歴史的因子である主観的欲動と行動傾向、このふたつとは切り離せないと主張した。

ダグラス・セシル・ノース
Douglass Cecil North

経済成長における制度の役割

生年
1920年、マサチューセッツ州ケンブリッジ、アメリカ

ダグラス・ノースは経済史の研究で有名なアメリカの経済学者だ。「経済と制度の変化を解説するために経済理論と計量的手法を用い、経済史に新たな研究法を確立した功績」をたたえられ、1993年、ノーベル賞を受賞した（ロバート・フォーゲルと共同受賞）。1952年、カリフォルニア大学バークレー校で博士号を取得し、自身を信念の強いマルクス主義者だと称した。現在はセントルイスのワシントン大学で教鞭をとっている。

1960年代、ノースらは「計量経済史」という分野を創始した。経済史の研究に経済学と計量的手法をとりいれたアプローチである。これを機に、ノースは1961年、『アメリカの経済成長——1790–1860年（The Economic Growth of the United States from 1790 to 1860)』を上梓した。本書のなかでノースは、経済の一部門である綿花栽培が他部門の発展を助長し、結果、特化や地域間の交易につながることを明示した。

ノースはロナルド・コースやオリヴァー・ウィリアムソンとともに国際新制度派経済学会を創設し、1997年に初の学会を開いた。新制度派経済学では経済学と制度理論を融合させる。希少性を基本的前提とする点にかぎり新古典派の理論にもとづき、経済成長の促進や妨害における制度の役割について理論的かつ経験的研究を行なう。ノースが長年こだわっている研究の焦点は、財産権、取引費用、途上国の経済発展である。

経済発展に精通しているノースは、東ヨーロッパの元社会主義および共産主義国家から、自由市場経済への移行にかんして助力を求められている。また、経済発展に新制度派経済学を採用したいと望むアジアやラテンアメリカ諸国にも助言している。

ノースは50以上の論文と8冊の著書を発表している。最近の著書『暴力と社会秩序（Violence and Social Orders)』（共著、2009年）では、暴力の問題を社会科学や歴史的枠組みにとりいれ、経済行動と政治行動が深く結びついていることを示した。2012年には92歳にして、いまだわれわれには適切な政治理論が欠けていると述べ、政治システムがどう作用しているのか、また、政治システムがどのように社会システムを生み出すかについて現在も追究しつづけている。

1960年代、**ノース**は新古典派経済学と計量経済学のツールを経済史の研究に適用し、新たなアプローチを開拓した。現在も変わらず、経済発展の仕組みを解明すべく尽力している。

エリノア・クレア・オストロム

Elinor Claire Ostrom

コモンズの統治

アメリカの経済学者エリノア・オストロムはインディアナ大学で教授をつとめていた。女性として唯一のノーベル経済学賞受賞者で(オリヴァー・E・ウィリアムソンと共同受賞)、「経済統治、とくにコモンズ(社会の共有資源)統治の分析」をたたえられた。オストロムは新制度学派に属し、30冊余の著書と300以上の論文を発表している。

はじめて、かつ、もっとも影響をあたえた著書『コモンズの統治(Governing the Commons)』(1990年)では、森林、耕地、水、水産物などのコモンズがどのように管理されているかに注目した。従来の経済理論では、コモンズは今後乱用されるため(いわゆる「コモンズの悲劇」)、政府あるいは民間企業が管理しなければならないとしている。しかし、オストロムはこの説に異議を唱え、人間は放っておかれればコモンズの使用にかんして賢明なルールを作るはずだと述べた。ノーベル委員会が評価したのは、オストロムがこの作品によって経済学にあたえた功績である。

オストロムは、ネパールの森林、インドネシアの水産物、スペインの灌漑システムを長年にわたって実地調査した。協力しあいながら巧みにコモンズを利用しているコミュニティを研究し、地元のコモンズを保守管理する8つの原則を導き出した。たとえば、分配のルールを定める、使用者が決議にくわわる、争いはかならず解決する、有効なモニタリングを行なう、などである。

オストロムは社会科学分析の実施に向けたふたつの枠組みの開発にたずさわった。制度分析と開発(IAD)フレームワークは公共政策を研究するツールで、著書『制度的多様性の理解(Understanding Institutional Diversity)』(2005年)のなかで考察している。このフレームワークは多くの研究者による協力の賜であり、1973年にオストロムが夫と共同創設した「政治理論と政策分析のワークショップ」から誕生した。もうひとつ、IADから最近派生した分析法として、生態学的要素をくわえた社会・生態システム(SES)フレームワークがある。

多くの研究者がこのコモンズと集団的自治にかんする理論を発展させつづけている。また、オストロムの研究はこんにちの気候変動対策にも多大な影響をあたえている。オストロムは持論のひとつとして、決議は世界規模の政府レベルで行なうべきではないと主張し、個人、コミュニティ、地元政府、現地NGOなど、地域レベルで意思決定を行なう「ポリセントリズム(多中心主義)」を推奨した。

生年
1933年、カリフォルニア州ロサンジェルス、アメリカ

没年
2012年、インディアナ州ブルーミントン、アメリカ

オストロムはいわゆる「コモンズの悲劇」説をくつがえし、人間はコモンズの使用にかんしてそれなりのルールを生み出せることを示した。そして、大きな政府に反対し、ポリセントリズムによる地域ごとの意思決定を提唱した。

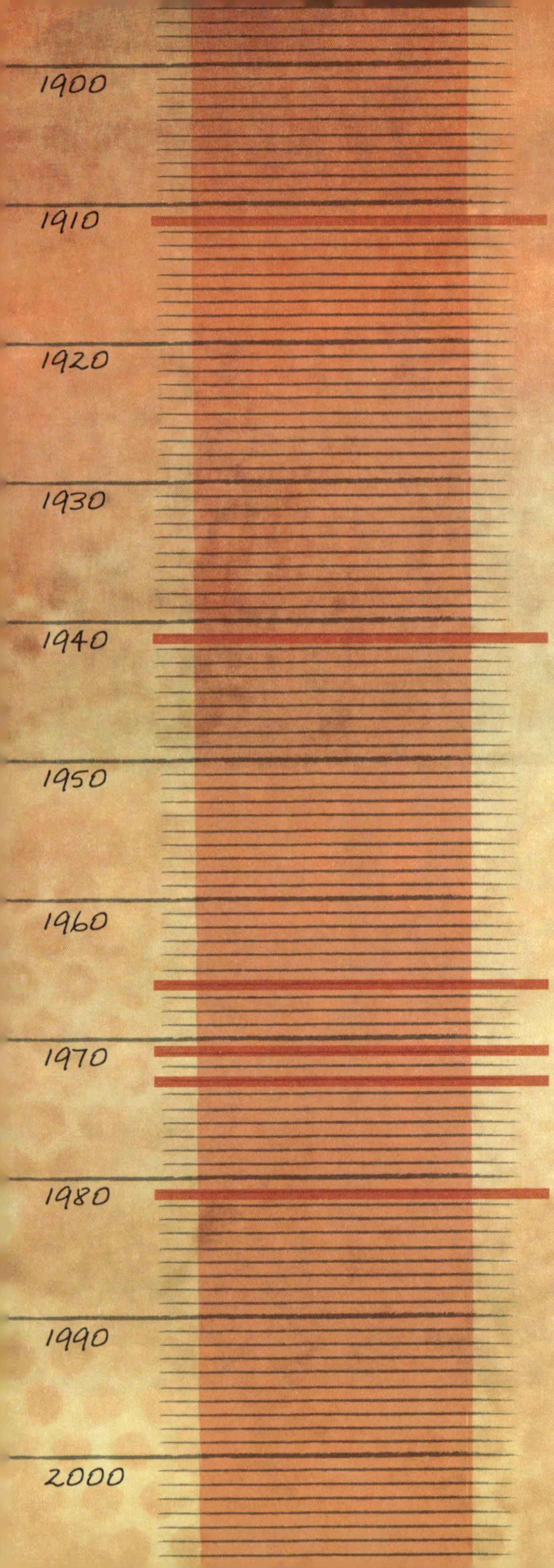

ヨゼフ・シュンペーター『経済発展の理論』（1911年）

サイモン・クズネッツ『国民所得とその構成（National Income and Its Composition）』（1941年）

ワシリー・レオンチェフ『産業連関分析』（1966年）

ニコラス・ジョージェスク・レーゲン『エントロピー法則と経済過程』（1971年）

マイケル・スペンス『労働市場のシグナリング（Job Market Signaling）』（1973年）

アマルティア・セン『貧困と飢饉』（1981年）

第5章
開発経済学

発展途上世界の経済を研究する経済学のひとつ、開発経済学は、地球規模のマクロ経済と一国内のミクロ経済の双方を扱う。国際政策や市場構造のみならず、生活や職場の環境を、経済的苦境や不平等の改善を目的として考察する。

成長理論

経済成長とは、ひとりあたりの生産増、あるいは、人口に対する財やサービスの総生産量の増加を意味する。ただし、たんに量で計れるものではなく質も考慮される。風船をふくらますように、経済の規模がただ大きくなればいいわけではない。経済成長は不均衡かつ分裂的で、構造や技術機構も形を変える。経済制度の特徴は、経済的変化のみならず社会的変化も重要になるのだ。

アダム・スミス、デイヴィッド・リカード、カール・マルクスらの古典派理論は、おもに経済成長や資本蓄積にかんする理論であり、経済拡張の原因と結果、および、持続条件に注目した。古典派理論において成長は保証されない。むしろ逆だ。経済学が「陰気な科学」とよばれるのは、古典派経済学者のほとんどが、資本主義の未来を前進や発展はせず定常もしくは後退に向かうと予測したからである。

つづく初期新古典派がおもなテーマとしたのは成長ではなく生産物の分配だったが、後期新古典派はふたたび成長理論を前面に押し出した。この流れは現在も続いており、後期新古典派は知ってか知らずか、ときに古典派理論の一部に賛同している。成長理論への関心を復活させたのはシュンペーターとケインズだ。ケインズは生産と雇用は総需要によって決まると説いた。弟子ロイ・ハロッドはケインズの見解を発展させ、生産高と雇用率の増加は総需要の増加がもたらすと論じた。シュンペーターは革新、技術向上、企業家精神の論点を成長過程分析にとりいれた。

多くの成長理論において大事なのは外生的成長と内生的成長の区別だ。外生的成長は経済システム外部の要因を基とする成長で、内生的成長は市場の力による成長をさす。古典派理論は、マルクスが示したように、競争によってもたらされる技術向上など内生的成長が大半を占める。新古典派の内生的成長モデルは20世紀後期に登場し、以前のアダム・スミスの理論同様、新たな見解として提唱された。

「適切な環境を築いて成長をうながす。さながら庭師が草木の手入れをするように」

――フリードリヒ・アウグスト・フォン・ハイエク

近年の焦点は、純粋で単純な成長から、とりわけ自然環境を重視する成長へと移行している。未来の経済活動の生態学的基盤を保護しながら経済的進歩をめざす「環境維持開発」という言葉も生まれた。成長の評価には、地球温暖化などの課題のほか、天然資源利用率や汚染排出問題も考慮に入れる。また、「幸福」にかんする調査によると、経済成長はかならずしも人間の幸せに貢献しないという結果が出ており、由々しき課題や懸念が次々とわき上がっている。さらに、われわれが極貧生活をまぬがれるためには、経済は生活に不可欠な必要物資の供給を無視することはできない。

ジョン・スチュアート・ミルは『経済学原理』（1848年）四巻「定常状態」において、近代産業社会はさらなる成長をめざさず分配に注目するだろう、と先陣をきって述べた。現代の生態経済学者たちはミルにならい、「ゼロ成長」つまり「停止状態」経済を支持している。

ヨゼフ・シュンペーター
経済動学

Joseph Schumpeter

生年
1883年、チェスチュ、オーストリア・ハンガリー帝国（現チェコ）

没年
1950年、マサチューセッツ州ハーヴァード、アメリカ

モラヴィア生まれのオーストリア系アメリカ人経済学者ヨゼフ・アロイス・シュンペーターは、経済発展と景気循環を研究した偉大な理論家のひとりで、なかでも創造的破壊論が有名である。

景気循環の概念では、経済成長は漸進的に継続するものではなく、成長と停滞を交互にくりかえす波のような動的プロセスである。シュンペーターは通常の景気循環や経済発展の背後にある駆動力を見出そうとした経済学者のひとりだ。シュンペーターの経済動学にかんするおもな見解は、『経済発展の理論』（1911年）および『景気循環論』（1939年）に記されている。

シュンペーターは、経済の定常状態を乱すおもな駆動力は、技術進歩による革新だと結論づけた。革新は、地域、地方、国内、世界とさまざまな市場規模で起こり、時とともにその影響も変化する。革新は変化のきっかけとなる衝撃をあたえ、経済の定常状態を壊す。そして、革新が成功をおさめ、普及すると、経済システムはふたたび定常状態を保ち、やがてまた次の革新が訪れる。シュンペーターは市場に革新をもたらすのは企業家だと考えた。企業家はつねにさらなる利益獲得のチャンスを狙っているからだ。

シュンペーターは従来の価格競争の概念を革新競争の概念と入れ替えた。企業は価格で競争するのではなく、現在扱っている商品の質を改善し、新たなサービスを提供し、他社に負けない新製品を市場にもちこんで競いあうのだ。

シュンペーターは革新の５分野を定義した。製品の革新は、改善した財やサービスを市場にもちこむ。プロセスの革新は、改善した技術を生産プロセスに導入する。新規市場開拓は、販売と成長の新たな機会を生む。天然資源の代替品開発は、経済システムの成長に必要な条件を支える。そして組織の革新は、生産性を高め、経済の各部門への労働配分に寄与する。これら５つが同時に作用し、さまざまな形で相関するのだ。

シュンペーターは「創造的破壊」という言葉を生み、改良された新技術が市場にあたえる影響を明らかにした。新たな技術は現存の製品や手法にとって代わり、それらを時代遅れにする。

サイモン・クズネッツ
成長と不平等

Simon Kuznets

生年
1901年、ピンスク、ロシア帝国（現ベラルーシ）

没年
1985年、マサチューセッツ州ケンブリッジ、アメリカ

ノーベル賞を受賞したアメリカの経済学者サイモン・クズネッツは、所得の伸びと格差、国民所得勘定、経済発展と成長、景気循環理論にかんする研究で知られている。「国民所得勘定の父」とよばれ、経済と社会の現状にひそむ複雑性、および、経済分析における経験的研究の重要性を主張した。

クズネッツは所得格差と経済成長の相関を示す逆U字を明らかにした（「クズネッツ曲線」）。この仮説によると、ひとりあたりの国民総生産（GNP）で計測する経済発展の過程では、まず個人所得の分配が不平等になり、しだいに安定し、最後には平等に近づく。つまり、最初に所得格差が生じ、その後ゆっくりと格差縮小に転じていくのだ。

クズネッツの当初の仮説は、現在の先進国が過去にたどった経緯を調査して導き出した結果だった。ひとりあたりのGNPが非常に低い場合は、所得が少なく個人の生活必需品が最小限に抑えられるため、極端な不平等は制限される。ところが、経済が成長しはじめると、高所得者層の貯蓄が急増し、労働力が農業から工業へと移行するため、不平等が拡大する。さらに成長が続くと、ある種の反発力が生じて不平等を抑制する。クズネッツはこの現象を社会的、技術的変化にともなう要因をはじめ、相続税などの法的要因や高所得者層の減少による人口統計学的要因によるものだと考えた。

クズネッツは当時の発展途上国と、産業革命によって進化する以前の先進国を比較し、おもな相違点をつきとめた。これらの違いは、現代の発展途上国の経済発展と成長にとって非常に大きな障害となっていることを示唆していた。しかし、クズネッツの警告にもかかわらず、この考察を曲解し、途上国は経済成長だけに目を向け、所得分配は憂慮すべきではないとする意見も見受けられた。

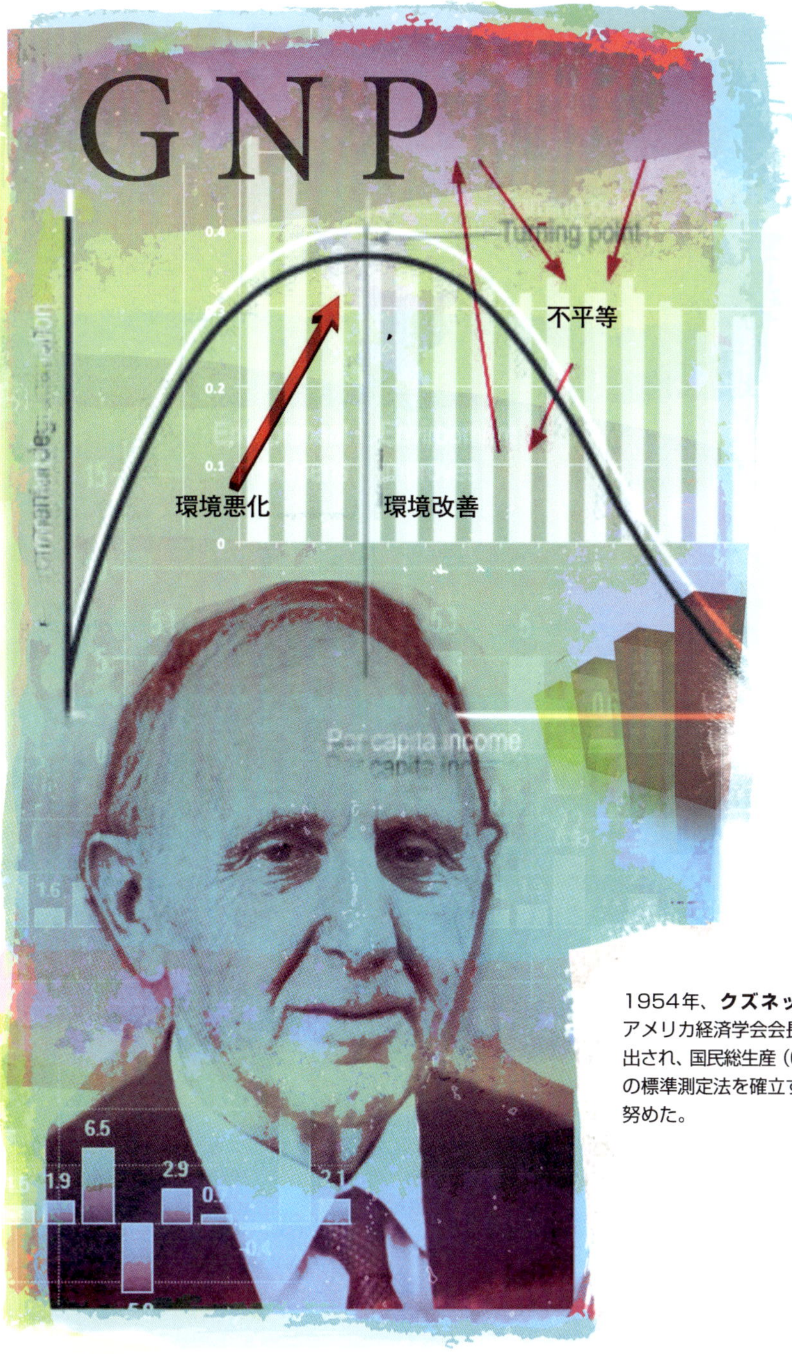

1954年、**クズネッツ**はアメリカ経済学会会長に選出され、国民総生産（GNP）の標準測定法を確立すべく努めた。

ニコラス・ジョージェスク・レーゲン

Nicholas Georgescu-Roegen

エコロジー経済学

生年
1906年、コンスタンツァ、ルーマニア

没年
1994年、テネシー州ナッシュヴィル、アメリカ

ニコラス・ジョージェスク・レーゲンは、エコロジー経済学と生物経済学の創設者として知られている。経済学、環境、社会的実在性を結びつけ、経済過程による環境のエントロピー（乱雑さの度合い）と生態系崩壊に注目した。著書『エントロピー法則と経済過程』（1971年）は現代エコロジー経済学の基盤となっている。

ジョージェスク・レーゲンはアプローチの核心として経済学に熱力学の法則を適用した。経済過程は、かぎりある環境においてかぎりある天然資源を生産に投入し、枯渇させる。したがって、従来の経済学で公然と認められている急激な成長はありえない。かぎりある環境下では、成長どころかゼロ成長すら永続しえない。熱力学の法則が示す結論によれば、経済は縮小する。環境にかんする生物物理学的制限により、無限の成長は不可能なのだ。鉱物資源のエントロピー増大（質的劣化）はエネルギーのエントロピー増大よりもはるかに重大なため、太陽エネルギーをもってしても解決にはならない。よって、鉱物資源もエネルギーもできるかぎり枯渇を抑えなければならない。

ジョージェスク・レーゲンは、資源の利用に世代間の差があると訴えた。現世代の経済活動は未来の世代の経済活動に悪影響をおよぼす。目下、かぎりある環境下でエネルギーと物質を取り返しのつかぬほど乱用し、環境汚染を蓄積しているからだ。しかし、事実、現世代が資源を独占しているため、未来の世代に発言する余地はない。

ジョージェスク・レーゲンは経済の需要側が消費をひかえ、廃棄物を減らせば、環境維持に貢献できると提唱した。人間には選択ができる。入手できる有用な資源を好き勝手に使って枯渇させるのか、あるいは、物質的な生活水準を抑えて未来の世代の寿命を長引かせるのか。人間は先見の明を失わず、ばらばらの利己的な消費者としてではなく、進化する生物の一部――人類――としての己を自覚しなくてはならない。

ジョージェスク・レーゲンはエネルギーだけでなく物質もエントロピー増大が起こることを強調し、ゆえに、技術革新は生態環境保持を条件に進めなければならないと力説した。

ワシリー・レオンチェフ
産業連関分析

Wassily Leontief

生年
1906年、ミュンヘン、ドイツ

没年
1999年、ニューヨーク州ニューヨーク、アメリカ

ワシリー・レオンチェフは経済分析と政策に欠かせない現代の産業連関分析（I-O分析、または、投入産出分析）を開発し、1973年、ノーベル賞を受賞した。そして、国際貿易、技術的失業、環境経済学などの分野にも産業連関フレームワークを適用した。

レオンチェフはワルラスの信奉者だった。ワルラスはワルラス体系の観点からリカードやマルクスの古典的枠組みを復活させようと試み、レオンチェフはワルラスが一般均衡のモデルとして想定した各市場とそれぞれの財を、技術の固定投入係数を用いて、実際の産業部門間取引を示す行列形式の一覧表にまとめた。この産業連関表は生産構造を明らかにする。産出は直接的あるいは間接的にほかの財の生産への投入になり、ときには自身の生産への投入にもなる。また、産業連関分析は、資本財の技術構成、労働生産性、各部門の資本装備率などの要素の観点から生産の技術的構造も明らかにする。

大規模な多部門のモデルは、経済計画など、とりわけ実社会の分析や政策策定に役立つ。レオンチェフは、戦後、フランスや日本で採用された指示的計画を支持した。指示的計画においては、一計画当局が価格や量をすべて強制するのではなく、主要産業から選ばれた少数の経済主体が市場メカニズムをとおして指針を提示し、経済を先導する。

産業連関フレームワークの有用な特徴のひとつは、技術革新の波がおよぼす経済全体への影響を明示できる点だ。たとえば、鉄道や自動車の重要な革新は、直接的あるいは間接的に他部門を刺激したり、新たに生じさせたりする。結果、その部門がほかの部門を刺激する。さらに、新技術が既存の技術にとって代わると、消滅する部門が出てくる場合もある。このように、産業連関分析は経済の構造変化をはっきりと映し出すのだ。

自身の研究が数学的特徴をそなえていたにもかかわらず、レオンチェフは非現実的な仮説は経済学の実用性を損じかねないと警告した。

レオンチェフは、自動車の発明など、ある産業の発展が一見無関係な多くの産業に活気をあたえる仕組みを明らかにした。

アマルティア・セン
人間開発指数

Amartya Sen

アマルティア・センは人間の能力開発、および、人間の潜在能力を阻害する経済的苦難（貧困、不平等、失業、栄養不良）の軽減にかんする研究が評価され、1998年、ノーベル経済学賞を受賞した。現在の研究の焦点は、人間開発を計測する新たな指数の考案である。

センは経済の尺度として国内総生産（GDP）に代わるものを探し求め、「能力アプローチ」と人間開発指数（HDI）を発案した。個人および社会の福祉は、たんに消費する財やサービスにかかわる問題ではない。人間開発指数の計算にはGDPだけでなく余命や教育達成度もふくまれる。人間開発指数はいくつかのパターンが定式化され、性差別、人種や民族による格差、所得分配などの問題を明らかにしている。センは不平等に注目し、相対的不平等が絶対的能力に影響するという持論を裏づけた。

この基礎的アプローチはセンが従事しているほかの研究分野にも波及している。センは雇用には3つの重要な側面があると主張した。まず、雇用は就業者に所得をもたらす。次に、社会のために財やサービスを生産する。そして、就業者に、価値ある活動に従事してコミュニティに貢献しているという自覚をもたせる。最初のふたつは広く認められているが、3つめも重要だ。この洞察は失業や鬱病の調査によって立証され、問題は所得や生産にとどまらないことを浮き彫りにした。

飢饉の研究においては、貧困と飢えはかならずしも生産の失敗による食料不足から生じるわけではなく、分配の失敗から生じるケースもあると強調している。つまり、資源不足や人口過剰ではなく社会のメカニズムが供給の大きな障害になりうるのだ。

なによりもまず、センは個人の合理性に焦点を置く従来のアプローチを批判している。合理性にかんする仮定を否定し、その欠点を意義深い論文のなかで指摘した。合理性の原理に固執しすぎると、人間は合理的愚か者になってしまう。センの研究の核心にあるのは、倫理を経済学の必須テーマとして尊重してほしいという願望である。

生年
1933年、サンティニケタン、インド

センは人間開発指数（HDI）を発案した。人間開発指数には、国内総生産（GDP）、余命、教育達成度のほか社会経済的要素などがふくまれており、途上国と先進国の不平等を暴露する。

アンドルー・マイケル・スペンス
Andrew Michael Spence

長期成長の秘訣

生年
1943年、ニュージャージー州モントクレア、アメリカ

アメリカの経済学者マイケル・スペンスは、現在、フーヴァー研究所上級研究員、および、ニューヨーク大学スターン経営大学院教授をつとめている。2001年、情報の非対称性による市場分析をたたえられ、ノーベル経済学賞を受賞した（ジョージ・A・アカロフ、ジョーゼフ・E・スティーグリッツと共同受賞）。

情報の非対称性とは、経済取引の各主体が保有する情報が完全ではなく不平等で、市場が歪む状況をさす。スペンスは多くの契約理論に刺激をあたえた労働市場のシグナリング・モデルで知られる。労働市場において、従業員は自分を売りこみ、雇用者は優秀な人材に高い賃金を支払う。したがって、従業員は雇用者に学歴というシグナルを送って自分の能力をアピールするのだ。

スペンスは途上国の成長、および、途上国と先進国の収束性にかんする世界的権威だ。著書『マルチスピード化する世界の中で――途上国の躍進とグローバル経済の大転換』（2011年）のなかで、インドや中国のように急成長する途上国とアメリカのようにゆっくり成長する先進国が混在する世界を生み出す摩擦について詳説している。

グローバル化は台頭しつつある市場に急速な経済成長をもたらしているが、同時に、先進国の不平等を増大し、潜在的に貿易保護主義をあおっている。現在もスペンスの論文の焦点は苦闘するグローバル経済だ。インドや中国の経済成長率はペースが落ち、ヨーロッパは危機の真っ只中にあり、アメリカは成長が停滞し、失業問題を抱えつづけている。

スペンスは現状をふまえ、疑問を投げかけている。なぜ世界に通ずる効果的な政策をあみだせないのか？　スペンスが導き出した多くの答えから例をあげると、リーダーの不在、適切な政策提案に対する反対、むだな政策手段、上層部20％に流れこむ所得で恩恵を受けている有力な既得権者の存在だ。しかし、スペンスによれば、現在の世界的凋落を克服できない最大の障害は、政府、企業、金融界の専門家や有識者に対する信頼の欠如、および、社会的結合力の崩壊である。

スペンスいわく、信頼をとりもどすには、分析家、政策立案者、ビジネスリーダー、市民社会グループが不信の原因を明らかにし、過ちの責任を分担し、コストを平等に負担する柔軟な解決策を追求し、そしてなにより、難題は一夜にして解決できないという事実を説明しなければならない。

スペンスは、グローバル化は台頭しつつある経済の急成長をうながすと同時に、先進国における不平等を増大すると考えた。そして、国家間に摩擦が生じるなか、世界の経済が苦闘しているときに、なぜ政策がこんなにも無力なのかと問い質している。

用語解説

赤字：損失が利益を上まわる場合、または、支出が収入を上まわる場合の債務超過。

一般均衡：理論的ミクロ経済学のアプローチのひとつ。一市場ではなく経済全体における生産、消費、価格を考察する。価格調整を通じて市場全体の需要と供給が一致した状態。

インフレ：平均物価水準あるいは一般物価水準が継続的に上昇する状況。

寡占：大企業数社が提携し、ある財の供給や市場価格を支配する市場。

干渉主義：国の経済を守るため、中央政府が経済成長および／あるいは生活水準向上をめざす体制。

完全競争：理想的な市場環境。多数の小企業が参入しているため、一企業が市場価格を操作することはできない。つねに価格には伸縮性があり、土地、労働、資本には流動性があると想定される。

機会費用：たとえば、資源をある方法で利用した場合、選択しなかったほかの最善策をとっていたら得られたであろう利益。

規制緩和：より自由な市場を導くために、政府による規制を縮小すること。

供給サイドの経済学：税率の引き下げが投資を刺激し、結果、社会全体の利益につながるとする経済理論。

金融政策：中央銀行が貨幣供給や利子率を調整する措置。政府は利子率を通じて経済に影響をおよぼすことができる。

計画経済：財やサービスの生産や分配について政府機関がすべての決定をくだす経済システム。

景気後退：経済活動の一時的停滞。通常、４半期の国内総生産（GDP）減少が２期続くこと。

景気循環：経済が拡張と収縮をくりかえすこと。

経済成長率：国内総生産（GDP）の前年比増加率をパーセンテージで表した指標。

限界効用：特定の財やサービスを１単位追加消費することによって得られる新たな満足度。

国内総生産（GDP）：１年間に生産される最終財とサービスの総額。国民ではなく国内居住者をもとに計算される。

国民所得：国の年間総所得。賃金、利子、利潤、地代の総額。

財政政策：経済の安定を目的とした政府支出と課税。

自給自足経済：交易のための余剰を作

らず、自身で使用する分だけを生産する最低生活維持経済。

資本：資金、資本財政、投資。産業資本や資本財は、市場で販売する商品を製造するために使用する機械や設備などの生産手段をさす。

資本蓄積：投資、経済成長。

自由貿易：関税や割当などの規制をなくし、自然経過で行なう国際貿易。

乗数効果：政府支出や投資など、独立支出の増加によって国民所得が何倍にもふくれあがる経済のフィードバック・メカニズム。

スタグフレーション：インフレと景気後退が同時に起こる状態。スタグフレーションが問題となるのは、経済を方向づけるために中央銀行が用いる策のほとんどが成長促進とインフレ調整のどちらかを犠牲にしなければならないトレードオフの関係にあるからだ。つまり、インフレの圧力を抑えるために成長を遅らせるか、あるいは、生産量が増加するまで物価上昇を容認しなければならない。

正貨：貴金属。歴史的には金と銀で、貨幣や通貨の役割を果たした。

通貨主義：貨幣供給が経済活動を決定づける主要因であり、インフレに対しては貨幣通貨量を制限するのが最善策だとする考え方。

独占：販売と分配を一企業がすべて支配する市場。その企業は社会的最適価格を超えた高値で商品を販売することが可能になる。

人間開発指数（HDI）：世界各国の余命、識字能力、教育、生活水準を比較した計測値。

部分均衡：ミクロ経済学のアプローチのひとつ。ほかの市場要素はすべて一定であると仮定して、企業や市場を個別に考察する。一部の市場において均衡が成立すること。

マクロ経済学：国全体における経済活動の分析。総生産、雇用、物価水準の理論。

ミクロ経済学：市場をとおして相互作用する家庭や企業における経済行動の分析。価値と分配の理論。

民営化：政府が所有あるいは経営する企業を、通例、売却によって民間に移管すること。

利益：総収入から総費用を差し引いた額。

レッセ・フェール（自由放任）：政府がビジネスや経済に干渉すべきではないとする思想。

索引

＊項目になっている人名の項目ページはここにふくめていない。